"更好的班主任"丛书

更好的家校沟通策略

赵福江 —————— 主编

上海教育出版社
SHANGHAI EDUCATIONAL PUBLISHING HOUSE

本书编委会

主　　　编	赵福江
执行副主编	魏　强　卞　京
副 主 编	魏　强　杨丙涛　周　芳　赵敏霞　刘京翠
编　　委	赵福江　魏　强　周　芳　赵敏霞　杨丙涛
	陈秀娣　卞　京　曲怀志　刘京翠　李　月
	师婧璇　顾　军

目 录

前　言 / 001

第一辑　与家长沟通需慎言慎行

策略 1　用亲笔信把工作做到家长的心坎里 / 005

策略 2　用"三步走"的方式引导家长提意见 / 009

策略 3　与家长沟通需慎言慎行 / 012

策略 4　让家长问责成为家校沟通的契机 / 017

策略 5　三招与家长巧沟通 / 022

策略 6　与家长在网络上沟通的三个注意事项 / 024

策略 7　打造家校信息交互的高速路 / 027

策略 8　如何与特殊学生的家长有效沟通 / 032

策略 9　让家校联系本不再变味 / 036

策略 10　约请家长应遵循"3W"原则 / 039

第二辑　让家长成为班级教育者

策略 11　我向家长征文 / 045

策略 12　我们班的家庭教育小社团 / 051

策略 13　更好地发挥班级家委会的作用 / 055

策略 14　城市家校合作的新模式——家家合作 / 059

策略 15　通过家长授课促进学生成长 / 064

策略 16　开展亲子陪伴活动 / 068

策略 17　以绘本为载体，推动亲子共读 / 074

策略 18　家校联手，玩转运动会 / 078
策略 19　家长"微提案" / 082
策略 20　组织家长委员会的四个原则 / 086
策略 21　让家长成为班级教育者 / 089
策略 22　用一张调查问卷迎接一年级学生家长 / 095

第三辑　将家长会变革进行到底

策略 23　四种新型家长会 / 101
策略 24　"爸气十足"亲子会 / 105
策略 25　组织分层式家长会，"按需"辅导家长 / 109
策略 26　自我评价式家长会 / 113
策略 27　家长会，让教师和家长朝着同一个方向眺望 / 116
策略 28　将家长会变革进行到底 / 118

第四辑　让家访成为教师和家长间一次温馨的相遇

策略 29　"接站"式家访 / 127
策略 30　家访十忌 / 130
策略 31　进行差异性家访 / 132
策略 32　无痕的家访 / 136
策略 33　让家访成为教师和家长间一次温馨的相遇 / 139

第五辑　助力亲子沟通

策略 34　助力亲子沟通，让家长发挥正能量 / 145
策略 35　让孩子体会父母的辛劳 / 148

策略 36　用亲情纪念册促进亲子沟通 / 151

策略 37　让孩子体验父母一天的工作 / 156

策略 38　帮家长转过心里那道弯 / 158

策略 39　融洽亲子关系的四个方法 / 161

策略 40　"画画我们这一家" / 166

策略 41　两个"一分钟原则" / 171

策略 42　促进二孩家庭父母与孩子的沟通 / 174

第六辑　智慧应对各种家长

策略 43　四步阻止家长任性"维权" / 179

策略 44　有智慧地应对无视规则的家长 / 182

策略 45　帮助孩子彻底解决问题，才能消除家校间的隔阂 / 186

策略 46　把工作做在前面，摸清每一类家长的特点 / 188

策略 47　成全孩子，让孩子拥有完整的爱 / 195

策略 48　三招应对"怪兽家长" / 198

策略 49　教家长学会非暴力沟通 / 201

策略 50　帮助家长控制好爱的温度 / 207

前 言

新时代对班主任提出了新要求。

这些新要求主要有四个方面,分别是先进的班级观、正确的差异观、清晰的协同观和自觉的学习观。它们都指向同一个目的——让每个学生变得"更好"。这也是"更好的班主任"这套丛书的出版宗旨。

"更好的班主任"丛书包括《更好的班级管理智慧》《更好的班会课》《更好的心理健康课》《更好的学生教育策略》《更好的家校沟通策略》五本,涵盖班主任工作的主要方面,里面全是优秀班主任的实操经验和方法窍门,用丰富多样的典型案例,为新时代班主任提供系统的修炼指南。

第一,示范先进的班级观。教育的根本任务是立德树人。在这套丛书中,我们欣喜地看到许多班主任拥有先进的班级观,他们有的将班级比喻为社会,有的比喻为家庭,有的比喻为一个以任务为核心的团队。在《更好的班级管理智慧》中,我们可以看到优秀班主任们将立德树人这一根本任务落实在班级日常工作中,发挥个性特长,维护集体荣誉,形成了独具特色的带班方略,创建了极有魅力的优秀班级。

第二,认真践行正确的差异观。班主任带班,首要任务是尽快使班级学生形成集体,把集体建设成为一个学生勤奋学习、愉快合作、健康成长的团队。实现这一目标的前提是正确认识和理解学生间天然存在的差异,正确理解学生之间的不同特征等。个体指导须在对个体理解的基础上开展,集体建设也须在理解个体与个体之间关系的基础上开展。在《更好的学生教育策略》中,我们看到了很多班主任践行正确的差异观,实现了因材施教。

第三，保持清晰的协同观。这些优秀的班主任清晰地认识到，家庭环境和社区（社会）环境是学生成长的重要影响因素，有时这些环境的影响力甚至超过学校教育。他们还清晰地认识到，家庭和社区（社会）的影响可以通过一定的方式实现与学校教育的统一。二者的统一就是"协同"。《更好的家校沟通策略》中就有很多家校协同成功育人的精彩故事。

第四，强化自觉的学习观。班主任的自觉学习习惯会对学生产生潜移默化的深刻影响。在班级建设过程中，班主任要有一整套基于自己经验和学习获得的想法、主意、建议和见解，以便引导学生向着正确的方向成长。要带好班，班主任要不断掌握带班技术，不断提升带班能力，不断积累带班智慧。这来自坚持学习的习惯和自觉学习的精神，即来自自觉的学习观。在《更好的班会课》《更好的心理健康课》中，大家能充分感受到"自觉学习"的重要意义。

总之，这套丛书的内容，有些班主任拿来就能用，有些可供班主任参阅思考。新时代班主任，可以从这套丛书中读出到底该秉持怎样的班级观、差异观、协同观和学习观，究竟应该以怎样的方式把学生的想法放在重要位置，并充分发挥学生的想象力和创造力。

全国知名班主任研究专家　耿　申

第一辑
与家长沟通需慎言慎行

> 策略 1

用亲笔信把工作做到家长的心坎里

一、第一封亲笔信

我在与家长沟通的过程中发现,虽然大部分家长对孩子的教育问题都非常重视,但在重视的背后,每个人的情况却大不一样:有的家长有想法、有行动、有方法;有的家长只是把重视停留在口头上,缺少实际行动;有的家长把教育孩子的重担放在其中一方(多是妈妈)身上;更多的家长是想管却不知道该怎么管……

为了引导家长转变观念,改进家教方法,我尝试着给家长写了第一封亲笔信。在信中,我敞开心扉,向家长介绍了我个人和学校的基本情况,公布了自己的手机号码,并且非常诚恳地谈了自己对家庭教育的真实想法。其中有这样一段话:

> 我与您是同龄人,想必您与我有许多相似的经历和体会。处在这个竞争激烈的时代,我们每天步履匆匆,顾不上和孩子多说几句话,每周难得陪孩子吃上一两顿饭;我们努力保证孩子的物质生活,却对孩子的思想、心理变化关注甚少,对他的精神需求更是无暇顾及……我迫切地希望您在忙碌的同时,尽可能多花时间陪伴孩子,因为孩子的教育不可能从头再来。您说我说得对吗?

让我始料未及的是，许多家长给我回信，并把我的信带给同事和亲朋好友传阅。有位学生的爸爸写道："潘校长，这几年我们的企业越做越大，儿子却离我们越来越远了。您的话真是说到我的心坎里了！"

看到家长的回信，我感受到家长与我产生了强烈的心理共鸣。亲笔信拉近了我和家长心灵上的距离。

二、这些信的三个特点

我一般选择在中秋节、国庆节、元旦、春节等节假日和开学、考前、考后、学校举办重大活动等关键时间节点给家长写亲笔信。这些书信主要有三个特点。

1. 涉及家长感到困惑的各类话题

为了使书信的内容能更好地满足家长的需求，我在考虑学校的实际情况、学生的思想动态的同时，经常向家长征询他们感兴趣的话题。写信前，我常广泛听取家长、老师、学生的意见。比如，就"怎样与老师沟通更有利于孩子成长"这个话题，我就征求了所有班主任和部分科任老师的意见，以使指导方法更有针对性和实效性。

书信涉及家长感到困惑的各类话题：从"怎样帮助孩子掌握良好的学习方法、学习习惯"到"怎样引导孩子在细节中提高情商"，从"怎样与青春期的孩子沟通更有效"到"孩子对老师不满意该怎么办"……书信还涉及比较敏感但很现实的话题，如怎样帮助孩子提高成绩，要不要上课外班等。

2. 内容具体，方法容易操作

书信的内容具体实在，介绍的方法容易操作。大到制定培养规划，把握教育的关键，小到与孩子谈话时的眼神交流、与孩子共读一本书……书信中大量的案例和真人真事，都是我多年来的经历，可借鉴，可模仿。其中有我作为一个父亲，在女儿成长过程中的亲身经历；也有我在当英语老师、班主任、校长的过程中，用实践检验过的方法与经验。家长只要用心阅读、体会，总能从中发现一些适合自己孩子的方法，包括在什么情况下说什么话，孩子比较乐于接受；在什么情况下家长怎么做，会实现良好的效果等。例如，孩子对作业有怨言时，我告诉家长可以这样说："不急，我们来列个清单。这些作业反正都要做，与其愁眉苦脸、唉声叹气地做，还不如面带笑容、开开心心地一样一样把它们消灭掉！"

3. 话语朴实，感情真挚

每次写信时，我感觉家长就坐在我面前，和我唠家常，说心里话。所以，我尽可能使自己的话语"接地气"。我通常先通过经典故事或身边的人和事，把自己悟到的道理说清楚，再具体讲该怎样做。例如，在学习和品性的关系处理上，我提出家长重视孩子的学习没有错，但"分数诚可贵，品性价更高"，我们应始终把引领孩子"做个好人"放在第一位，培养孩子会尊重、会感恩、会分享，能担当、能自立、能承受挫折的品质。

在这些亲笔信中，我掏心掏肺地与家长沟通思想、交流感情，把自己当了33年老师、21年校长、22年爸爸的实践和思考融入文字中。

三、写亲笔信效果好

十多年来，我给家长写了百余封亲笔信。这份坚守源于家长对这一沟通方式的欢迎和肯定。许多家长不仅带着孩子读，还和孩子的爷爷奶奶、外公外婆一起读。很多家长还拿起纸和笔，认认真真地给我写回信。回信中，有对学校办学理念的认可，对班主任、任课老师的好评；有育儿经验的分享，近期读书心得和好书推荐；也有对学校活动安排的建议，对后勤服务的意见等。通过书信往来，学校和家长都把心里话告诉了对方，有呼有应，形成了良性互动。

一位家长在来信中说："在电子媒体时代，我们已经习惯了用电子邮件或者短信进行交流，收到这样的亲笔信，心中会感觉特别温暖。这不仅因为手写体的文字比印刷体更有温度,更重要的是,每次读信时,我都可以感受到写信人对教育的执着、热爱和对家长、学生的良苦用心。"

虽然选择书信话题、组织内容、书写誊抄、阅读并回复每一位家长的回信,需要花费我不少时间和精力,但是,我愿继续用心地做下去。因为我深深地感到,亲笔信开辟了家校之间真诚沟通的渠道,能真正满足家长的需求,引领家长和孩子一起成长,进而提高家长对学校的认可度,促进学校办学水平的全面提高。

>>> 潘志平·浙江省杭州市公益中学

> 策略 2

用"三步走"的方式引导家长提意见

为加强家校联系，我在家校联系本中设置了家长意见栏，希望家长对我的工作提出意见和建议，以帮助我完善管理方式，提高班级管理水平。眼看着家长意见栏里渐次增多的"无"字，我不禁担忧起来：我们正处在教育改革的风口浪尖，班级和学生管理问题层出不穷；家长理应对学校、班级的各种新规定和新情况提出自己的意见，可越来越多的家长却选择用一个简单而冰冷的"无"应付了事。

家长为什么不愿意提意见？"无"的背后是什么？

一、意见泥牛入海，家长热情消失

长期以来，及时反馈机制的缺位在无形中浇灭了家长心中的热情。在漫长的等待中，他们由充满希望逐渐变得失望。

我想到，自己每年都要填写很多繁杂的问卷。当这些调查问卷与自己的切身利益相关，并且所提意见有"被关注""被考虑"的可能时，我便会精心准备，积极进言献策；而对"官样形式"和"形象工程"，我会"事不关己，高高挂起"，在意见栏里应付性地写一个"无"字。

将心比心，在处理家长意见时我是否走形式了呢？若家长深思熟虑后提了一些意见，而我却对家长的意见置若罔闻，既不解释反馈，也不采纳实施。久而久之，家长哪还有闲心陪我玩文字游戏？

二、新规云山雾罩，家长冷眼旁观

常言道，隔行如隔山。很多家长对走班、选课、大课间等不太了解，觉得自己是门外汉。如果家长提出的意见没有击起理想中的浪花，他们可能会抱着一种"深度问题我不提自然会有人提，普遍问题我提了也是白提"的心态，更多地选择冷眼旁观。

作为班主任，面对家长提出的超出自己能力与职责范围的问题，我往往不去深究，只从客观上找原因，把责任推到学校的头上，或者干脆装聋作哑，来个"冷处理"。我不把家长的意见当回事，家长也就不再把我的意见栏当回事。长此以往，意见栏便形同虚设。

三、批评投鼠忌器，家长谨小慎微

一些家长担心自己提意见会给孩子带来负面影响，比如，被老师"穿小鞋"或"甩脸子"。因此，他们在提一些尖锐的意见时，大都会投鼠忌器。因为，虽然"良药利于病"但毕竟"苦口"，"忠言利于行"但毕竟"逆耳"，于是他们选择用"无"字来应付了事。

如何引导家长在意见栏里与我敞开心扉呢？我采取了"三步走"的策略。

第一步：当面交流，消除隔阂

为扭转家长"懒得提""不愿提"意见的被动局面，我首先在家长会上检讨了自己以前的懈怠做法，并就"无意见"问题和家长交流了看法。不少家长说，自己不提意见，除了我所说的原因外，还有他们怕写字难看被老师笑话、文化水平低不想班门弄斧等原因。我对家长说："大家多提意见就是对班级工作的支持。意见栏不是展示与评比的地方，而是大家和我互动的平台。我们双方只有携起手来，才能把孩子教育好。"这次推心置腹的面对面交流，不仅打消了家长的顾虑，还在一定程度上形成了"不好意思不写意见"的氛围。

第二步：及时沟通，认真回复

在接下来的工作中，我更加注重换位思考，努力站在家长的立场考虑问题。每次家校联系本收上来后，我都在两天内将家长的意见汇总、提炼完毕，制定出有针对性的整改措施，然后打印出来，在班级里进行公示。在这个过程中，我会有选择地与家长进行电话沟通，汇报意见处理情况。对难以完成或非常棘手的问题，我都解释原因并争取谅解。新学期，我又在家校联系本中增设了意见反馈栏，亲笔回复家长的意见。家长们看到我如此重视他们的意见，于是更加重视意见栏，纷纷在里面进言献策。

第三步：紧抓落实，体验效果

做班主任光有热情是不够的，还必须具备胜任这份工作的能力。为了让家长的意见落到实处，让他们切实感受到家校合力的优势，我团结任课教师，以"有奖就夺，有旗就扛"的精神，带领学生将班级工作开展得风生水起。当家长们看到自己提的意见产生了实际效果，孩子受益良多时，会不由得为自己曾增砖添瓦而倍感自豪。

如今，一条条发自肺腑的意见、一条条慧眼独具的建议，犹如颗颗晶莹剔透的珍珠，串联在家校沟通的美丽丝线上。

>>> 王亮·山东省乳山市第三中学

> 策略 3

与家长沟通需慎言慎行

与家长沟通、接触是班主任工作的一个重要内容。如何使家校沟通更加有效,真正为学生的成长助力?大量实践证明,班主任与家长接触时必须把握分寸、慎言慎行,才能使家校之间的沟通更加和谐、有效。

一、慎将学生的错误归罪于家长

【案例】

小为是个聪明的孩子,可他经常上课时不专心,写作业也很马虎,因此免不了受到林老师的批评。这天语文课上正好学《三打白骨精》,又受到林老师批评的小为便在书上画了个白骨精,还在旁边写上了林老师的名字。林老师发现后,顿时火冒三丈:"上课时一心两用,还不把老师放在眼里,真是太不像话了。前天开家长会时,别的家长都听得很认真,唯独你爸爸边听边看报纸,还接了几次电话。现在看来真是有其父必有其子。"林老师的话,一下子刺痛了小为的自尊心。"犯错误的是我,凭什么扯上我爸?你有什么资格说我爸?你这是侮辱他!"情绪激动的小为大声地反驳起来,场面有些失控。林老师没想到自己随口说出的一句话竟然让小为有这么大的反应,觉得很后悔。事后,林老师找来小为的爸爸,当着小为的面真诚地道歉。小为的爸爸通情达理,反而为儿子的不懂事道歉,还让小为承认了错误。问题虽然顺利解决了，可林老师一想起自己的错误内心就会涌起一丝愧疚。

班主任要学会控制自己的情绪，慎将学生所犯的错误归罪于家长，更不能将在教育学生过程中产生的不悦转移到家长身上。应该不说侮辱家长人格的话，不做侮辱家长人格的事，否则不仅会让班主任与家长之间产生隔阂甚至对立，还可能引起学生对班主任的不满，影响教育效果。

学生需要尊重，家长更需要尊重，正如古语所说，"敬人者，人恒敬之"，班主任对家长的尊重将换来家长的真诚相待。

二、慎借家长施高压

【案例】

在一堂数学课上，王老师正讲得有声有色，可小天却心不在焉，玩尺子，折纸飞机，毫不顾忌王老师提醒的目光。下课后，王老师找小天谈话，可他却不以为意："你讲的我已经听懂了，为什么还要听啊？我又没影响你上课。"他无所谓的样子一下子把王老师惹火了："好，我说的你不听，那请你爸爸来，让他看看你到底有没有做错。""哼，又拿我爸威胁我。来就来，我不怕！"小天强硬的语气让王老师忍无可忍："看来你根本没把老师放在眼里，今天你爸爸不来还真不行！"王老师毫不犹豫地拨通了电话。半个小时后，小天的爸爸赶到了学校，王老师将事情的经过一五一十地说了一遍。此时，小天已经冷静下来，认识到了自己的错误，当着爸爸的面向王老师道歉。小天的爸爸也不住地向王老师道歉，还表示回去后一定会好好教育儿子。

王老师将家长请到学校，解决了当下的难题。她的做法表面上看似乎行之有效，可细细思量却不够妥当。一方面，这种用家长施压的处理方式表明教师缺乏灵活机智地处理问题的能力，可能会降低教师在学生心目中的地位；另一方面，家长的到来给学生的心理增加了压力，容易使学生对教师产生抵触情绪，影响师生关系，同时也影响家长与学生的关系。

三、慎把家长当助教

【案例】

"昨天晚上我检查孩子的作业时，发现有打印作文的作业，而且一定要周一交。每次打印作文我都很头疼，老师不但要求彩色打印，还要求设计出花样。说实在的，这种单纯布置给家长的作业，既让人头疼，也令人费解。这样的作业对孩子有意义吗？是在比拼家长们的能力吗？我多么希望老师能真正从培养孩子的能力出发布置一些实实在在的作业，少一些华而不实、徒有虚名的任务。这样既能锻炼孩子，也能解放家长。"这是一封家长来信，它从一定程度上反映了当今教育中普遍存在的问题——学校教育对家长的过分依赖。

照理说上学是孩子自己的事，可事实上很多家长却成了助教。家长除了每天需要逐项检查孩子的书面作业、口头作业并签字外，还经常得协助孩子完成设计小报、制作学具、打印作文等实践作业。有家长曾无比困惑地表示："为什么我上学的时候根本不需要父母管，可现在我一天不管孩子学习都不行了？"

家长为孩子的作业把关、签字，协助孩子完成一些实践作业，会在一定程度上淡化孩子的责任心，不利于孩子自主学习能力的培养和良好学习习惯的形成。家长过度参与孩子的学习过程，不但会助长孩子的依赖心理，也会影响学校教育对学生的正确引导，弊大于利。

学生的成长离不开学校教育和家庭教育，但学校和家庭应该分工明确，各司其职。学校与家长之间的关系不是相互依赖，而是密切配合、共同协作。要想充分发挥家长在学生成长过程中的作用，就得摆正家长的位置，把握一个适度原则，切忌过分依赖家长。

四、慎把家长当密友

【案例】

　　小张老师是个"80后"，她工作时充满了干劲儿，心里装的全是自己的学生。她经常与家长通电话、发短信、发微信，久而久之，她与那些年龄相仿的妈妈们熟悉起来，有的甚至成了无话不谈的朋友——双休日，要么一起逛街购物，要么一起健身休闲，要么一起郊外踏青，相处得十分融洽。因为与这几个家长更加熟悉、亲近，平日里她自然而然对她们的孩子多了几分关照、呵护。别的家长察觉到她对这些学生的特殊照顾后，都颇有微词。有的家长说她收受礼金，有的家长说她购物时总让家长付钱，有的家长还说她在评选"三好学生"时有失公正，偏向自己喜欢的学生。听闻这些闲言碎语，小张老师百口莫辩，在感到委屈的同时也后悔自己没有与家长保持适当的距离。

　　班主任必须时刻牢记自己的身份和角色，与所有家长保持适当的距离。既不能对部分家长过于冷淡，拒人于千里之外，也不能和个别家长走得太近，否则会影响教育教学中的公平公正，甚至让其他家长产生误解。

　　班主任与家长打交道时，应以诚待人，以心换心。班主任可以通过电话、短信、书信等方式与家长沟通，也可以面对面交流。班主任只要心系学生，坦诚相待，必将赢得家长的信任和支持。

五、慎用家长资源谋私利

【案例】

　　王老师的班上有四十多个学生，家长们来自各行各业，有医生、律师、警察、大学老师、商人和普通工人。有了这些宝贵的家长资源，王老师在生活中拥有不少便利：身体不舒服要去医院检查，与当医生的家长一联系，立马预约好专家号；想要买件电器，与在商场当部门主管的家长一说，立刻享受到了最低价；自己家的电脑出了问题，在网络公司上班的家长便主动上门服务……王老师需要帮忙时，家长们都非常热心。而面对家长们的热情，王老师也总是心安理得地接受。她觉得，在不违反教师职业道德的前提下，偶尔麻烦一下家长，请他们帮一些忙，算不上什么大事，甚至有些理所当然。

在这个案例中，王老师利用家长资源为自己谋取了一些利益，其实已经触碰了教师职业道德的底线，影响了教师在家长心目中的形象。家长来自各个行业，有着不同的生活阅历和知识结构，这是一笔宝贵的教育资源。班主任应从"一切为了儿童的成长"出发，合理使用这些家长资源，而不是为自己谋私利。

家长是学校教育的有力支持者，是孩子成长的引路人，教师在与其沟通、交流的过程中要慎言慎行，正确、合理地发挥家长的作用，从而共同促进孩子健康成长。

>>> 顾利华·江苏省南通师范学校第二附属小学

策略 4

让家长问责成为家校沟通的契机

一、"老师,你凭什么叫学生打我儿子?"

放学后,大部分学生已经离校,我正准备离开,走廊里来了一伙人 —— 三个大人和一个孩子。一个女人气势汹汹地喊:"班主任呢?校长呢?太不像话了!今天不给我一个说法,我就闹到教育局去!"我听了这话立马迎了上去。年纪稍大些的妇女凑上来:"你们老师是怎么教育学生的?怎么能随便打人呢?是不是看我孙子老实,好欺负?我们家浩浩在学校里天天被人欺负……"我仔细一看,原来这伙人是我班上的学生浩浩和他的妈妈、奶奶、爷爷。浩浩被妈妈拉着,一声不吭。

见到这阵势,我一时目瞪口呆。几个同事见状围了过来:"怎么回事?到底怎么了?"浩浩妈妈一股脑地说开了:"浩浩奶奶接浩浩放学时,看见他的本子破了,就问他是怎么回事。他说是宣宣撕的,宣宣还打了他。一年级的学生偶尔打打闹闹也就算了,但经常这样是不是太过分了?浩浩的奶奶打电话告诉我,我一下班就赶过来,刚才在学校门口碰到宣宣,我问他为什么打我儿子,他说是老师叫他打的。老师竟然让学生打我儿子,我要举报到教育局去!"站在后面的爷爷也附和着,一下子又围上来很多学生和老师。

什么？老师叫学生打学生？我完全糊涂了！除了再三强调他们肯定是弄错了外，我也不知道如何解释。同事们也帮着解释："孩子们可能是闹着玩的，也可能妈妈听错了，老师是说让宣宣管浩浩，不是打。"

浩浩的妈妈听了这话反应更加激烈："就是说打，而且真的打了。老师，你去把宣宣叫来，让他来当面对质。不把他叫来，我今天就不回去了。"局面越来越僵，而且浩浩的妈妈说得理直气壮，一点儿也不像是在撒谎，任何解释在她面前都显得很无力。我十分着急，连手也开始发抖，摸出手机想打电话给宣宣的家长，但伸出的手又缩了回来。

二、事件还原：严厉的"小老师"与不配合的同学

我打电话向副班主任周老师询问此事，得知在中午的自习课上，向来比较调皮的浩浩一直在玩，小组长宣宣走过去提醒他，无效；再次提醒，仍旧无效。宣宣便拿起浩浩的本子。浩浩不肯让他拿，两人便起了争执，还有一点儿肢体上的碰触，本子也被撕破了。周老师批评了他们，事情就这么过去了。本以为这是一件很小的事，没想到那个被抢破的本子引发了一场"校闹"。

这件小事如果处理不好，可能会造成十分恶劣的影响。看着嗓门越来越大的三个人，我该如何应对呢？

三、积极沟通：借助心理学方法进行家教指导

我是一个拥有不少心理健康教育知识的班主任，在这关键时刻，我不该如此慌乱。我深呼吸了一下，对自己说，既然解释没用，我就不做任何辩解。

1. 聆听

我一边听浩浩的妈妈说，一边不停地点头，同时示意同事和围观的人先离开。在觉得她说得有道理的时候，我还附和。见我"柔软"了，浩

浩的妈妈也不那么强悍了，只是仍然不依不饶。我觉得事态比一开始好多了，似乎有沟通的可能了。

2. 转移

我试图将我们之间的对话向两个方向转移：把焦点从事件本身转移到浩浩身上，把谈话地点从敞开的室外转移到稍封闭的教室内。于是，我半搂着浩浩，轻声地询问他事情的经过，边聊边拉着他走进教室坐了下来。我想，我以这样的态度对待他们的孩子，家长多少也会有感觉。我们坐下来后，心情也会更加平静——坐着吵架的人还是比较少的。

3. 交流

气氛稍微缓和了一些，此刻我要做的是消除家长的误解，我对浩浩的妈妈说："我向您保证，如果事情真像您所说的那样，那我们会承担全部责任，请您放心。现在我想问问浩浩到底是怎么回事，我相信他能够把事情的经过说清楚。"

于是，我拉着浩浩的小手问了起来。可是，平时话挺多的孩子在这关键时刻却不出声了，可能是吓坏了，也可能是在躲避。奶奶看着心疼了："你看，我们家孩子向来胆小，从来不欺负别人的。"我接过话说："是的，浩浩向来都很听话，我很喜欢他。浩浩，你身上痛不痛啊，把手给老师看看，还有脸，嗯，都没受伤，这就好。浩浩，当时……"

我不厌其烦且小心地用对孩子说话的语气与他们聊着，用语也非常小心，不用有诱导性的提问，不武断下结论。不过，最困难的是我没有办法解释宣宣说的话："是老师让我打的。"家长就是冲着这句话来的，这句话是这件事的导火索。

4. 换位思考

在这个时候，我需要换位思考，同时引导家长换位思考。

我应该努力想家长之所想：家长到学校的目的不是闹事，不是发泄，更不是找碴儿，而是要保护孩子。在这件事上，我们老师做得不到位，赋予小组长的权力太大，其实这对两个孩子的教育都是不利的。作为班主任，我要做的不是辩解，而是对事件做出公正评价。

我还需要引导家长去思考该如何正确看待这件事。

"您看，你们这样大声吵闹，对孩子多不好啊！

"你们有没有想过，家长太强势了，孩子就可能会很弱势。每次出现这样的事，他都会叫家长撑腰，以后进入社会该怎么办呢？

"我为什么不叫宣宣来学校？您想想，宣宣若被叫来学校对质，他的家长会不会来？你们双方家长见面后如果争执起来怎么办？

"您一直说浩浩被欺负，可您有没有发现大人所说的欺负和小孩子所说的欺负根本就是两个概念。浩浩所说的欺负就是平常孩子间你推我，我推你，你扔我的本子，我抢你的书。可家长所说的欺负却是一种身体上的伤害。

"您把孩子送到我们学校来，其实就是出于对我们学校的信任，我们学校的老师都是很认真负责的，相信您也能感受得到。

"如果我们老师真像您所说的那样恶劣，不要说校长会辞退她，我们班其他家长也不会同意。是吧？

"您再想想，在当时那种情况下，宣宣不说'是老师让我打的'，难道他会说'是我自己要打的'？

"有些事情可能没有我们想象中那么严重。大家都说，小孩子的话只能信一半，我们对小孩子的话不能全信，更多的时候，您还是要相信我们老师。"

静下心来，将心比心，其实沟通是一件很简单的事。

5. 影响

家长基本上被我说通了，声音降了八度，表情也放松了。

我说："以后不要这样冲动了，也不要把孩子想得那么复杂。孩子之间打打闹闹很正常，只要不过分，家长就不要太紧张。"

家长说道："那您要保证我的孩子今后不被人欺负。"我笑着说："其实没您说得那么严重。我不敢保证他不被人欺负，但我可以保证他被欺负后会被公正地对待。孩子在慢慢长大，他要自己面对和解决一些与同学交往时产生的问题。家长应该多教给孩子一些自我保护以及和同学友好相处的方法，这样，孩子就会成为一个受欢迎的人。以后有什么事情，您就来找我吧，我很欢迎。如果我有什么地方做得不好，您也可以批评我。"

四、事后反思：有效沟通助力共同教育

孩子是连接家校的纽带。我们无法保证孩子之间、师生之间不发生误会，所以我们也无法避免家长来学校问责。若沟通无效，事态肯定会变得更严重，甚至无法控制，那是我们都不希望看到的。所以，当家长带着冲动的情绪来到学校时，班主任必须有积极的态度和正确的方法。

我们无法苛求家长有良好的素养、学识水平和交往能力，但我们完全可以与家长建立相互信任、相互理解、相互尊重的良好关系。只有如此，学校和家庭才能互相配合，共同促进孩子成长。

家长来学校问责时，班主任可以趁机对家长进行指导。因为此时他们往往处于最积极、最投入、最主动的状态，如果班主任能对孩子、事件、育人进行全面的剖析，家长对班主任的话将更加信服，家校合作将更加高效。

只要我们诚心诚意地对待孩子和家长，那么，家长的问责也可以成为一个契机，让班主任更加注意自己的教育言行，让学校更好地携手家庭，让家庭更好地指导孩子，让孩子学会谨言慎行！

>>> 朱新光·浙江省杭州市余杭区云会中心小学

策略 5

三招与家长巧沟通

班主任既要"管"学生,同时也要与形形色色的家长打交道。若班主任与家长沟通不畅,会带来很多不愉快,甚至是麻烦。在与家长沟通时,班主任不妨试试以下几招。

一、肯定他

学生 A 和 B 是一对形影不离的好朋友。在一节体育课上,两人闹着玩,结果 B 的眼镜不小心被摔碎了。我让两个学生通知自己的家长第二天来学校一趟,讨论赔偿问题。他们原来的班主任知道了这件事情后,连忙提醒我学生 A 的家长比较难缠,让我做好心理准备。

第二天,我正在教室里上早读课,突然一个中年男子叼着香烟冲到教室门口,一副气势汹汹的样子。我马上意识到他可能就是 A 的家长,连忙走出教室,笑眯眯地问:"您是 A 的爸爸吧?"他冷冷地看着我,点了点头。我连忙说:"我一看您就是个通情达理的人。"他听了这话脸色一下子缓和了。就因为有了这句肯定他的话,在我把事情的前因后果介绍清楚之后,他爽快地答应了我提出的解决方案,事情得以圆满解决。

二、尊重他

收取开学报名费用时,有些家长的银行卡里余额不足,无法扣费。怎么办呢?我在"家校路路通"上给家长发短信:"您好!您银行卡上的余额不足,请将孩子的开学报名费用打到学校指定的卡号上,并在今天下午4点之前把银行的回单交到学校。谢谢!辛苦了!"当学生家长准时送来银行回单时,我再一次真心诚意地道一声:"辛苦了!麻烦您大老远跑一趟。"家长一个个笑着说:"没什么,没什么!谢谢老师!"

在实际工作中,有的班主任在与家长沟通时,无论是语气还是神态都给家长一种"高高在上"的感觉。一些家长嘴上不说什么,可是心里还是有想法的。人一旦心里不舒服,往往就会闹情绪,不配合。班主任只有低下高傲的头,才能赢得家长发自内心的尊重,让家长心甘情愿地配合自己的工作。

三、帮助他

家长经常会向班主任请教一些和教育孩子有关的问题。在这个时候,班主任应当尽量帮他们出出点子,介绍一些成功案例等。

我们班有一个学生字词默写不太好。有一次,他的妈妈问我:"为什么孩子在家里默写都是对的,到学校里就不行了呢?"我问她:"孩子在家里是怎么默写的?"这位妈妈说:"开始默写前,小家伙会说:'妈,你让我看5分钟。'我就让他看,看完了他马上默写。"我告诉她,下次孩子看完后过半小时左右再让他默写。这位妈妈瞪大眼睛看着我。我知道她有疑问,于是告诉她:"你在他刚看完时就让他默写效果不好,因为这时的记忆是瞬时记忆,记得快忘得也快。"这位妈妈听后恍然大悟,笑着说:"原来是这样。"然后还不忘夸我一句:"老师,您真有办法。"

与家长沟通时,我们必须有一颗真诚、热情的心。只要你真诚地关心孩子的学习生活,关注孩子的身心发展,你与家长的沟通就一定会畅通无阻。

> 策略 6

与家长在网络上沟通的三个注意事项

在不同的情绪状态下、在不同的语境中,人们对相同的文字会有不同的解读。因此,老师与家长在网络上沟通时,一定要恰当地表达自己的情绪。一旦家长对老师的文字所表达的情绪产生误解,便会带来不必要的麻烦。

一、多用表情包

我们在网络上交流时,一般以文字为主,很少有视频互动,所以往往缺少面部表情、声音的交互。

在网络交流中,当我们将自己的想法以文字的形式呈现给对方时,总以为对方已经领会,其实不然。首先,中国的汉字有一词多义的现象,有可能产生误读;其次,交流时我们常用单句,而很少用段和篇的形式,这样很可能会被断章取义;最后,因输入错误而导致的认读错误也时常发生。

QQ、微信等都有表情包,它们能极大地丰富文字内容,使聊天不再是简单的文字叙述。它们不是多余的,而是对文字必要的补充。

在网络交流中,如果我们在文字后面适当增加一个表情,那么表情便会先映入对方的眼帘。这些表情符号,能有效弥补语言的局限,并且表情符号样式相当丰富,仅笑脸的样式就有很多:微笑、含齿笑、露齿笑、捂嘴笑、拍手笑、哭笑……这么多丰富的表情,我们没有理由不借来一用。

二、慎用反问句

反问句有时代表的是一种明知故问甚至是质问，它可能是一种无奈、愤怒的表示，也可能是"战争"爆发的前兆。

例如：周六班级组织外出参观活动，这与一个学生的兴趣班时间冲突了。该生的家长很矛盾，她内心想让孩子去上兴趣班，又拗不过孩子，便征询老师的意见。老师只给出简单的回复："不让她去，难道她会开心吗？"正是这样一个反问句，一下子把双方沟通的路给堵死了。家长马上回复："你们参观的目的是什么？难道非去不可吗？"

仔细分析这段对话我们可以看出，本来双方思考时就不在同一个频道，老师的反问句更使矛盾一触即发。

老师总想用一句话让家长顿悟，想用最强烈的表达方式快速解决问题，但结果往往会适得其反。

网络另一端的家长也是一个有个性的人。假如双方之前已有积怨，老师用键盘敲出的反问句便会火上浇油。所以切记：反问句，慎用！

三、巧用同理心

发现家长在网络聊天中有不满情绪且发出挑衅信号时，我们该怎么办？很多老师会立刻自我澄清，抑或据理力争，更有甚者会与家长相互指责。

这些做法其实是很不高明的，它不仅解决不了问题，还会降低老师的威信，甚至可能陷老师于被围观、被曝光的尴尬境地。

发现家长有不满情绪时，老师首先要做的是静观其变，以不变应万变，多用同理心，多站在家长的角度考虑问题。

在上面的案例中，该家长将其与班主任的聊天截图发给我，并说道："我也想尊重孩子，但是兴趣班已经坚持很久了，也挺不容易的。你们的活动也没提早通知，我被弄得措手不及。"我马上回复："您说得很有道理。要不就向班主任请个假，不去参观了吧？""可孩子想与同学一起去参观。""您是一个好妈妈，能替孩子着想，细心周到。那就和孩子再商量商量吧。""惭愧！那我和孩子再商量一下，之后给你们答复吧。""好的（微笑），记得早点儿回复，组织一次活动要做很多准备工作，比如，分小组，安排车辆、中餐，购买保险，进行安全教育、纪律教育、礼仪教育……"聊顺了，问题自然而然也就解决了。

其实，老师与家长沟通时不必非要争个孰对孰错，关键是保持教育方向一致。这就是沟通中的所谓同理心。

在与家长进行网络沟通时，多用表情包，慎用反问句，巧用同理心，会获得更好的效果。

>>> 朱新光·浙江省杭州市余杭区良渚第三小学

策略 7

打造家校信息交互的高速路

家庭教育和学校教育只有优势互补，形成合力，才能实现最佳的教育效果，而众多的教育软件为家校间的信息交互提供了新的工具。搭建家校信息交互网络平台时该如何选择合适的软件？如何对构建的网络平台进行有效建设及有序管理？基于网络平台的家校信息交互新模式会给学生、家长、教师带来哪些改变？针对这些问题，笔者在日常班级工作中进行了实践探索。

一、家校信息交互网络平台的搭建

我结合实际情况，在搭建我们班的家校信息交互网络平台时，选择了微信、晓黑板、班级优化大师三款软件，开创了多元化家校信息交互的新模式。

不同的软件有不同的功能、优势和使用范围。我选择这三款软件搭建家校信息交互网络平台，正是看中它们不同的特点和用途。例如，微信的适用范围广，即时通信功能强大，宣传力度大。我就用微信进行班级文化宣传（微信公众号）、直播班级活动现场、组建个性化组群、通知紧急班务，以及完成社会调查等。晓黑板则是一款用于教学、沟通的专业软件，可以发起讨论，还有问卷调查及发起活动等特色功能，即时通信功能使用起来也较为便捷。我就用它发起关于班级管理条例、育人技巧、班费金额等问题的讨论，开展班级情况问卷调查，发送班级通知并统计通知覆盖率，与个别家长进行单独沟通等。班级优化大师可以较为全面地反馈和记录学生在校时的表现及学习情况。我就用它向家长反馈学生的考勤情况、作业情况、课堂表现及成绩报告等，同时共享班级日志等，家长可以时时了解学生的行为动态。

事实证明，我搭建的网络平台让家校之间的沟通更为高效、便捷，为我全面开展家校合作打下了基础。

二、家校信息交互网络平台的管理和运行

网络平台使用之初，几乎都是我负责平台的组建和管理，平台上的内容大多是一些班级通知，家校信息交互手段较为单一，互动频次较低，互动的深度得不到保障。我知道必须丰富平台内容，打造多元化信息交互平台，以提升家校信息交互的广度和深度。但如此一来，一是会增加我的负担，我可能会力不从心，不能达到预想效果；二是家长成为信息的单纯接收方，反馈互动渠道不畅通；三是忽视了学生的主体性，不能发展学生的自主管理能力。因此，我决定及时修正和优化平台的管理及运转方式。

1. 创建班级自主管理委员会，让学生成为家校交互信息的收集者

随着家长对学生关注度的提升，学生的课堂表现、活动表现、工作能力、交往能力、学习成绩、班级通知等众多信息，家长都希望通过平台获得，而单凭班主任一人之力显然难以收集这么多的信息。让学生成为这些信息的收集者，既能解放班主任，又能让信息更真实、全面。于是，班级自主管理委员会应运而生。委员会分设纪律部、生活部、学习部、宣传部、劳卫部、文体部、新闻中心7个部门，各部门人数为5人，各部门选举产生部长1名，委员会全体成员公投产生会长1名、副会长2名。3名会长分管7个部门，部长主持部门工作，具体工作安排如下（见表1）。

表1　各部门职责划分及收集信息内容

部门名称	部门职责划分	收集信息内容
纪律部	负责班级纪律日常管理,包括管理并记录考勤、课堂秩序、违规使用手机情况等	学生违纪形式、时间及次数
生活部	负责班级日常生活管理,包括日常费用收集、就餐调查、班费管理等	班费支出明细,学生就餐数据,文明礼仪,学生对班级的奉献情况等
宣传部	负责班级文化建设,包括黑板报以及班级日志汇总、班级活动摄影等	板报投稿、素材,班级日志,班级活动视频及图片
文体部	负责班级文艺及体育建设,组织同学参加文体活动和比赛等	文体活动获奖名单,两操检查反馈,班级文体活动方案,运动会成绩汇总等
劳卫部	负责班级卫生和学生健康的管理,组织和监督值日、保持环境卫生、检查学生视力、汇总体检信息、监控班级疫情等	值日检查反馈,学生视力表汇总,学生身体不适反馈,班级疫情公布
学习部	负责班级学风建设,配合各科课代表监管班级作业完成情况,分析每次考试结果,组织各种学习活动等	作业上交情况,学生课堂表现,讲座信息及班级学习计划等
新闻中心	负责班级微信公众号等平台的管理以及家校交互信息的汇总及传递等	汇总并分类各部门提供的信息,选择匹配的网络平台发送信息

2. 统筹教师、学生、家长三方力量,打造家校信息交互高速路

我依托已经搭建好的网络平台和学生自主管理委员会,实现了在班主任指导下的教师、学生、家长三方之间的互联互通,真正打造了家校信息交互的高速路,让信息及时、准确、高效地在家校之间流通(见图1)。

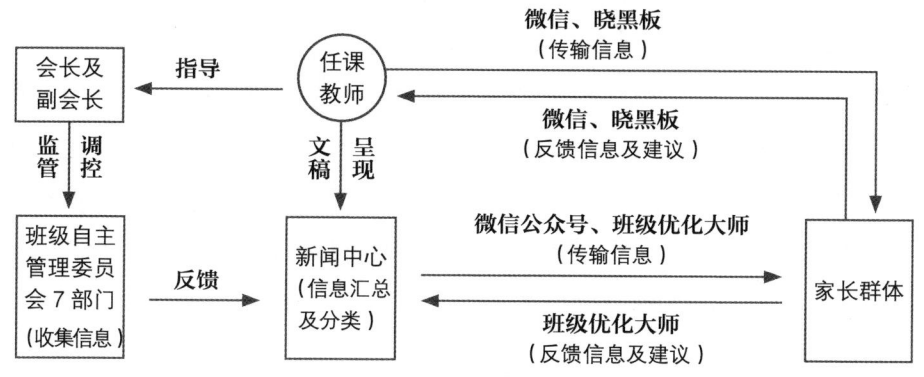

图1　家校信息交互图

由图1可知，教师对班级自主管理委员会的工作进行指导，3名会长对委员会7大部门的工作进行监管与调控，新闻中心将各部门的反馈信息进行汇总、分类并记录存档，教师和新闻中心选择合适的平台将对应的信息传输给家长，家长获取信息后用同样的网络途径反馈。这样人尽其责的管理方式，让信息交互平台更高效、更有序。

三、家校信息交互网络平台的实践经验

家校信息交互网络平台让家校间的沟通更顺畅、更便捷，让家校关系更加融洽，配合更为默契。学生手机管理一直是让家长和老师头疼的问题。家校信息交互网络平台运行后，我借助平台实现家校共育，引导学生正确使用手机，养成良好习惯，逐渐由他律转为自律。

班级自主管理委员会成立不久，我发现纪律部的档案和班级日志均反映在自修课上存在学生违规使用手机的现象。我先让新闻中心通过班级优化大师告知家长最近几次手机违规使用事件，引起家长的关注和思考。接着，我通过晓黑板发起学生在家使用手机情况问卷调查，家长参与调查后平台生成数据。之后，我通过晓黑板发起有关手机管理的讨论，征集家校双方的意见，达成管理共识，全体家长制订并参与"家庭手机管理计划"。同时，我布置学生完成周记《手机使用之我见》，并组织班会课，带领学生理性分析使用手机的利与弊。最后，纪律部牵头发起班级"课堂手机零计划"。在"家庭手机管理计划"和"课堂手机零计划"的实施过程中，家长和老师时时关注并讨论相关问题，监督学生的执行情况，并每周把学生在家庭和学校里使用手机的情况，通过班级优化大师反馈给新闻中心，让所有老师和家长都能在平台上看到其他人的反馈。家长和老师再根据平台上反馈的数据，不断调整对学生的管理方式和力度。目前我班实现了课堂手机零使用的目标，学生也初步完成了从他律到自律的转变。

信息时代给家校共育插上了腾飞的翅膀。当代教师要站在新时代的起

点,与家长同行,与社会共进,打造家校信息交互的高速路,谱写家校共育的新乐章。

>>> 朱涛·上海市松江一中

策略 8

如何与特殊学生的家长有效沟通

开学第一天,小宇的爸爸神秘地将孩子的健康调查表悄悄交给我,并千叮咛万嘱咐:"请多关注我的孩子,但别让孩子知道……这份材料请不要让其他人知道。"开学第三天,年级主任正在台上发言,坐在最后一排的他毫无征兆地大声抗议:"说慢点儿!听不清!"在场所有人对此都感到十分惊愕、反感。

出人意料的冲突发生在开学后的第四天,小宇的爸爸要去校长那儿告校医的状,而校医说完全不知道哪里激怒了他。五分钟后,我和校医一起赶到校门口,见到了小宇的爸爸。一见到我们,他就大声指责校医,而校医则是一脸的莫名其妙,场面一度非常混乱。于是,我只能请校医先离开,再想办法慢慢寻找让家长愤怒的根源。

一、理清思路:引导对方多说"是"

校医离开后,我看着兀自喋喋不休的家长,真诚地说:"校医也没说明白到底是怎么回事。您能告诉我刚刚发生了什么吗?"他大声说:"我们刚刚在谈孩子上体育课的事,她那是什么态度?!她怎么能这样?!我要见校长……"他情绪激动,反复指责校医,宣泄着自己的愤怒。

只有弄清楚到底是什么事让他如此气愤,我才能解决问题。他虽然说了很多，却没有提供任何具体的细节，只是一味表达他的愤怒。我想，既然他说不清楚，那么我只能把"主观陈述题"变成"客观选择题"，由我将事实一步一步整理出来。根据有效沟通理论，当对方的表达不清楚时，我们就应该主动帮助对方理清思路，并且在对方情绪失控或抵触心理比较明显时，尽量引导对方多说"是"，以还原事情的经过。

于是我说："您刚刚是不是和校医打电话了呀？"

他说："是。"

"您和她说了小宇的身体情况，是吗？"

"是。"

"您是不是和她说孩子曾经患过癫痫病，希望学校能够多关注孩子一些？"

"是是是。"

"那您和她说上体育课的事，其实是希望体育老师也多关注孩子的健康状况，对吗？"

"对对对！"

"校医曾和我说过，根据以往的经验和您的孩子的身体状况，孩子在开具'免体证明'后可以不上体育课，是吗？"

"是……不是！不能不让小宇上体育课！小宇必须上体育课！校医怎么能嫌麻烦，不让小宇上体育课呢！孩子又不是故意生病的！"

此时，我终于明白，原来家长生气是因为校医触碰到了他内心最敏感、最脆弱的地方——他觉得校医嫌他的孩子麻烦。但是，据我对校医的了解，她应该不会嫌孩子麻烦的，所以，我估计是家长过于敏感了。于是，我赶紧说："您别着急，校医不会嫌麻烦的，您可能误会了。校医也许还不太了解您希望给孩子营造一个什么样的成长环境。您能和我说说您是怎么想的吗？小宇正在接受治疗，而我对医学这块儿不太懂，不知道小宇的医生怎么说，医生说他能上体育课吗？"

"有时候能，这个……"他犹豫着，突然压低了声音，怕被别人听见似的，"还是得让他上体育课，不能搞特殊。如果他不上体育课，其他同学会发现不对劲的……请您让体育老师多关注他，但是别让其他学生知道。"

二、换位思考：了解对方的真实需求

此时，我终于明白小宇的爸爸有什么担忧了——作为父亲，他所做的一切都是为了最好地保护孩子——是的，不是"更好"，而是"最好"，何况他的孩子还比较特殊。

班主任与家长沟通时，最重要的一点就是换位思考，了解对方的真实需求，并针对其关注点提出建议。于是，我试探着说："您是不是担心小宇不上体育课会显得特殊，引起同学们的注意？您希望孩子正常上体育课，是吗？"

"对对对！是是是！"

"但是您又怕孩子因运动过度发生危险，是吗？"

"是是是！"

"所以，您希望体育老师和校医能够允许孩子上体育课，但要多关注孩子的身体情况，避免出现危险，同时还不能让其他孩子发现小宇的病情，是吗？"

"对对对！是是是！就是这个意思！就是这个意思！老师，您一定要和体育老师说清楚。"

小宇的爸爸希望保护好自己的孩子，但是不太会表达。他很爱小宇，希望给他最好的保护，但是又不希望小宇因为这种保护而显得与众不同。他一直在"保护身体"和"保护心灵"之间来回奔波，既疲惫又紧张。他一直在努力地扮演一个强悍的角色，实际上却如惊弓之鸟一般敏感而脆弱，不禁让人怜悯和感叹。

我诚恳地说："好的，我待会儿就去和体育老师说。但是，医学方面还是要听医生和校医的，毕竟他们才是专业人士。我稍后再去问问校医，如果为了孩子的安全必须开'免体证明'，那还得麻烦您按照校医的指导去开相关证明，好吗？您真是一位好爸爸！真的挺不容易的。我会和年级组领导说明您的担忧和期望，也会请体育老师在孩子的身体状况允许的情况下给孩子参与锻炼的机会。"

"好的！老师，就是这个意思，我就是这个意思！我会去开证明的，也请您给孩子保密。"

听到他充满感激之情的话语，我想我给出的方案应该能够满足他的要求了。于是我试探着问："那您还去找校长吗？需要我陪您去吗？"他笑笑说："不用了，老师，问题解决了，我这就走了。真的非常感谢您这么理解我们家长！""那好，您慢走。"我还得帮忙消除家长和校医间的误会，于是又补充道："对了，关于孩子的身体情况，您还得多和校医沟通，毕竟她的意见更专业。当然，如果您需要我做什么，可以随时联系我。照顾孩子不容易，您是位好爸爸。""好的，老师，我会和校医联系的，谢谢您！"

三、案例反思：使沟通朝着解决问题的方向发展

送走小宇的爸爸之后，我一直有些难受。小宇的爸爸就像一只时刻准备为保护孩子而战斗的公鸡，他护子心切却又不得其法，长期的焦虑、担心使他犹如惊弓之鸟一般敏感、脆弱，所以他在沟通时总觉得他人对自己的孩子有异样的眼光。他努力地保护自己，而他自我保护的方式就是把自己伪装成非常强势的家长，让他人不敢对自己的孩子任意投射"眼光"或者"语气"。其实他只有一个目的——保护孩子！

这件事会发展到这个地步，可能只是因为老师没有满足家长的需求。其实，和特殊孩子的家长沟通，虽有挑战但并不艰难，只要我们心平气和，从孩子的利益和角度出发，巧妙运用谈话技巧，绕过各种"假想敌"的干扰，使沟通朝着解决问题的方向发展，大多数情况下问题可以圆满解决。毕竟，家长和老师有着共同的目标——让孩子健康、快乐地成长，这是我们沟通的基点。

>>> 高微微·北京一〇一中学

策略9

让家校联系本不再变味

一天晚上，我接到了小萌的爸爸的电话。

在电话中，小萌的爸爸说道："小萌在学校里的表现是不是不太好？这几天我看到您在家校联系本上的留言——'今天写作业很拖拉''上课不认真听讲，说废话'……每次我签字时，孩子总是眼泪汪汪地向我保证：'爸爸，我明天一定表现好，您不要打我。'可第二天她的表现还是那样，真不知道该拿她怎么办。"

"是的，小萌最近学习状态不怎么好，我也很着急，就想把这个情况告诉您，希望通过家校配合帮助孩子进步。"

"每次看到您的留言，我都会严厉地批评她，但时间长了，我发现孩子有了抵触情绪，有一天早晨竟然说不想上学了。小萌的学习习惯是不太好，但她的自尊心很强，我担心挨批评次数多了孩子会自暴自弃，没有学习动力了，所以我挺纠结的。您看能不能再想些别的办法？"

"谢谢您！您的建议我一定会虚心采纳，希望在我们的共同配合下，小萌能有所进步。"

挂了电话，我的心却怎么也不能平静。小萌是个聪明的孩子，思维活跃，有主见，只是上课时喜欢做小动作，爱说悄悄话，写作业很拖拉。虽然我经常找她谈心，动之以情，晓之以理，却收效甚微。我本想利用家校联系本与家长密切配合，达到齐抓共管的目的，没想到却适得其反。

我由小萌想到了另一个孩子——天天。天天生活在单亲家庭，妈妈忙于工作，忽略了对他的管教，导致他学习习惯差，缺乏主动性，而且经常惹是生非，和同学闹矛盾。为了让他的妈妈及时了解孩子在校的情况，有针对性地进行教育，我每天在家校联系本上如实记录天天在学校的表现，并要求家长签字反馈。试了一段时间后，天天的行为习惯确实有了一些进步，他不再那么调皮了。可最近他不时出现的忘带家校联系本的情况又让我隐隐感受到了孩子对它的抵触，尤其是每次他把家校联系本交到我手里时闷闷不乐的样子更是让我看到了他心中的不情愿。他一定是把家校联系本当成一道束缚自己的紧箍咒了。

该如何有效发挥家校联系本的作用，同时又让孩子乐于接受呢？我苦苦思索着。

我想起了曾经读过的成尚荣老师的一篇文章《儿童立场：教育从这儿出发》。文中写道："教育是为了儿童的，教育是依靠儿童来展开和进行的，教育应从儿童出发。这就是教育的立场……"仔细回味这段文字，我若有所悟。既然儿童是教育的主体，那么所有教育活动都应该从儿童出发，充分考虑儿童的心理状态和情感需求。我在家校联系本上记录学生的不良表现，表面上是关注学生的发展，督促他们养成良好的行为习惯，唤起他们的学习主动性，实际上却违背了教育的本质，远离了儿童立场。

小萌的爸爸给我上了一堂意义深远的课，我决定让家校联系本不再变味，还孩子们一个轻松愉悦的学习氛围。

从那以后，我尝试换一个视角去看学生，努力寻找他们身上的闪光点。每天放学前的10分钟，我会让学生总结这一天中班级里的好人好事，学会发现别人的优点，同时也让他们进行自我评价。我会结合大家的自评、互评，在家校联系本上刻上一个"大拇指""你真棒""有进步"等。对像小萌、天天这样还没有形成良好学习习惯的学生，我会给予更多的肯定和鼓励，除了刻章，还会写下饱含赞赏的话语："小萌今天上课比昨天认真多了，还发言了两次，有进步。""天天今天能及时订正作业，表现不错。""今天小成主动打扫教室，真棒！"

此外，为了进一步发挥家校联系本的桥梁作用，我开辟了家长留言栏，家长可以及时记录孩子在家里的出色表现，内容可以是分担家务、孝敬长辈、锻炼身体等，不局限于学习。

渐渐地，那些原本不爱学习的孩子开始有了学习的主动性，很多不守纪律的孩子也乖巧了许多，就连一向沉默胆小的孩子也变得自信起来。

而这些正在悄悄发生的改变，都离不开家校联系本，是它让教育回归儿童立场。

>>> 顾利华·江苏省南通师范学校第二附属小学

策略 10

约请家长应遵循"3W"原则

还没有走进办公室,我就听到里边传出激烈的争吵声。我推门进去,争吵声戛然而止,不过里面三个人的神情都不太好。看得出来,学生小周一脸的不服气,小周的爸爸一脸的烦躁不安,年轻的班主任陈老师则一脸的无奈。

小周是一个活泼爱玩、倔强甚至有点儿固执的小男孩儿,这不,他又犯错了:周三下午的自习课上,酷爱篮球的小周和隔壁班的几个孩子偷偷去体育场打篮球,被抓了个现行。陈老师很生气,后果很严重——陈老师决定请家长。恰逢年底,小周的爸爸正忙得焦头烂额,但是接到陈老师的电话后他还是很快来到学校。

谁知小周一看见爸爸来学校就立刻大发脾气,朝陈老师大声说:"是我犯错误了,你为什么要叫我爸爸到学校来?"小周的爸爸听了就更生气了,要小周给陈老师道歉,小周偏不道歉,于是就出现了开头的那一幕……

现实中许多家长到学校来时和小周的爸爸的心情一样,内心充斥着焦急、烦躁、不安、不好意思等多种负面情绪。他们此时的首要想法往往是:怎样才能快速摆平这件事?怎么让孩子快点儿认错,并保证下次不再犯了?假如家长此时还有工作或其他压力,这种心态就会更加明显。处在这样的应激状态下,人们往往会有回避、退化、敌对等行为反应。因此,学生犯错后老师马上请家长来学校沟通,效果往往不好。此时,无论是学生还是家长都处于心理应激状态，很难达到有效沟通的目的。

另外，请家长到学校不一定有助于问题的解决。经过观察我发现，家长训斥或教育孩子后，孩子基本上都是表面服从。倘若家长是通过自身的威权让孩子屈服的，可能还会带来更加负面的影响——教师让渡了在教育过程中的主导地位，承认自己缺乏有效的教育措施。

因此，我认为教师请家长到学校应该遵循"3W"原则，即考虑何事（what）、何时（when）、何人（who）三个要素。

"何事"就是要充分考虑学生究竟犯了什么性质的错误。如果是与学生人身安全相关或者其他必须告知监护人的事，则必须告知家长。如果学生存在不良的行为习惯，班主任应该和学生进行深入的沟通和交流，改变学生的原有认知，督促学生养成良好习惯。若学生存在屡次违反校纪班规的情况，请家长到学校也不是上策。班主任可以通过家访等方式了解学生的家庭环境和教育背景，进而分析学生产生行为偏差的原因，家校配合，共同纠正学生的认知偏差，使其逐步养成良好的习惯。

"何时"就是要充分考虑处理问题的时机和家长的时间安排。学生犯了错误，班主任应该选择合适的时间请家长到学校交流。如果与上文中的情况类似，学生长期存在行为偏差，班主任应通过家访等方式与家长进行沟通交流；如果学生偶尔触犯校纪班规，最好过一段时间再请家长到学校交流，这样班主任、学生、家长三方的情绪可能更平静，更有利于沟通。学生一犯错就请家长到学校是不合适的。绝大部分学生的家长工作繁忙，班主任不能以"孩子的事最大，你必须服从学校的安排"为由苛责家长，应该尽可能地考虑家长的时间安排。

"何人"就是要充分考虑学生和家长的具体情况。有的学生自主性较强，好面子，在违反校纪班规后也能意识到自己犯了错误，愿意承担相应的责任。但是一旦教师把家长请到学校，他们就会觉得自己丢了面子，没有被尊重，抵触情绪就会大增。另外，班主任还要了解家长的情况。请家长前，班主任要了解学生的基本家庭情况，合理规避风险。有些家长性格暴躁，有些家长容易情绪失控，把这些家长请到学校后，可能会导致一些不可控的情况发生，反而造成更为严重的后果。事实上，因请家长到校导致家长和教师发生冲突的新闻报道屡见不鲜。

由此可见，班主任在管理班级时，遇到问题要去思考要怎么做，为什么要这么做，这样做会产生什么后果，怎样做才能更好地促进学生成长。这样才能建立和谐的家校关系，促进学生健康成长。

>>> 邱俊·江苏省南京市大厂高级中学

第二辑

让家长成为班级教育者

> 策略 11

我向家长征文

高一开学后,我在班级调查中发现,家长缺乏正确的教育理念、亲子关系不佳等情况普遍存在:有的家长要求苛刻,只看成绩;有的家长对孩子过度呵护,无原则放纵;有的家长与孩子的关系剑拔弩张,一点就爆。针对这些问题,我在家庭教育方面做了一些指导工作,其中大部分时间放在帮助家长更新理念上,比如,理念推介、案例分析、个别交流等。经过一学年的努力,很多家长在教育理念和方法上有了明显的转变。为巩固教育成果,扩大影响范围,我决定向家长征文。

一、主题征文 —— 进行有质量的思考

征文的主题是:"经一事,长一智 —— 成长在(8)班"。征文启事如下:

同学们在(8)班生活了一年,老师与家长们也相处了一年。我们每个人的性格与成长背景有差异,生活观念与教育理念也不同。在我们融合为一个新的大家庭的过程中,发生了很多事,或让我们兴奋,或让我们苦恼,或让我们受益匪浅,或让我们充满遗憾。

请您把印象最深刻的事情、对您冲击最大的事情或令您顿悟的事情,以及您对这件事的思考和收获写出来,分享给大家,让成长的暖流在我们

这个大家庭的每一个人的心中流动。

让我们借此机会，再一次思考与成长吧！

征文对象：每一位学生的家长。

奖励方式：

1. 遴选部分篇目通过网络分享；

2. 将所有篇目汇集成册，印制出来后发给学生。

征文的形式是一事一议，这样每个家长都有话可说。同时，案例反思与写作，可以让家长将对教育的思考转化为显性的文字，梳理成系统，内化于心，外化于行，进行一次有质量的思考，同时巩固之前的教育成果。

二、优化过程 —— 写出好的反思

写作本身是一项不小的挑战，家长有着不同的职业背景，大都怕动笔，或很难写出规范的文章。为鼓励家长们动笔写出好的反思，我从四个方面入手，不断帮助家长提高写作质量。

1. 帮助家长克服写作困难

"好难啊！满脑子的话不知从何说起。写作是学生时代的事了，真的有些遥远了！"这段话道出了很多家长的心声。

我回复道："好久没写，现在写肯定有点儿难。你可以描述一件事情的经过，谈点儿体会，这样就不难了。"

"李老师您好，我这段时间都在外地学习，没带电脑，可以不交吗？"

我回复道："没关系，您的征文可以晚一些交。"

"李老师，我电脑使用得不熟练，能不能不写了？"

我回复道："您可以交纸质的。"

看出家长有畏难情绪，我在家长QQ群里鼓励和指导他们："写文章就是表达自己最真实的感情。孩子进步是一个过程，我们要在不断的反思中陪伴孩子成长。请各位家长自己也不要排斥学习和成长。"

2. 提醒家长不要歌功颂德

"感谢高一（8）班的所有老师！你们是园丁，为祖国山川涂秀色；你们如春雨，让神州大地尽芳菲！"

在征文中看到这样的文字，我知道，有些家长还没有理解我组织征文的真实意图，他们可能以为班主任想通过征文赚取掌声吧。于是，我及时在家长QQ群里提醒："大家不要有压力，我向大家征文，不是请求大家歌功颂德，请大家不要在这里突出老师有多么'高大上'。征文的关注点应该是让您感悟最深并改变了您对孩子的教育理念的事情。"

3. 范文展示

我从家长陆续发来的征文中，选取了一些不错的文章，在征得家长的同意后，分享到家长QQ群里。一位家长这样描述她的经历：

> 记得那是高一第二次考试结束后，孩子的成绩并不理想，偏巧每次考完试同事都会拿她的孩子跟我的孩子比较。原来相差不大的两个孩子差距越来越大，我的孩子不仅成绩上止步不前，甚至在纪律上还要让我操心，这种落差让我无法接受，酝酿已久的家庭战争终于爆发了。我感到委屈，自己为什么会有这样一个不知进取的孩子，孩子却觉得他努力了却一直不被认可，很是冤枉。战争总是要付出代价的，最后我被自己的怨愤反噬得整日郁郁寡欢。孩子的爸爸以前经常在网络上分享一些心灵鸡汤、好的教育讲座给我，我每次连看都不看就直接删掉，我总觉得空洞的说教谁都会，可真正实施起来却又是另一回事。在我彻底不知道如何是好的时候，我才会真正静下心来跟他一起喝一碗"鸡汤"……

这位家长在征文中讲述了自己因孩子的成绩退步和表现不理想而苦恼的事情，并描述了自己从苛责孩子到反省自己的内心转变过程。因孩子的成绩不理想而大动干戈的家庭不在少数，我将这篇范文分享给家长，一是提供一个写作案例，供家长们参考；二是树立一个积极反思的榜样，对其他家长也算是一个提醒。

4. 撰写案例点评

拿到家长的征文后，我一般会在后面写上长短不等的点评，主要是对家长描述的案例发表我的看法和肯定家长做出的改变。撰写点评的目的，一是再次总结家长在教育理念上的转变，起到一定的强化作用；二是进行正向激励，让家长有信心将形成的正确认识和处理孩子问题的良好方式继续保持下去。

学生 C 总是问题不断，桀骜不驯。后来家长改变了与孩子的沟通方式，孩子开始接受别人的意见，并努力改变自己。他的家长写了转变孩子过程中发生的一件事。我在这篇征文的后面写了点评，并与征文一起分享给了所有家长。

只有帮孩子在班级里找到归属感和成就感，他才能走上正轨。孩子的问题不是批评和较劲就能够解决的。找准问题背后的原因并有针对性地采取措施，才是转化之道。

优秀家长往往善于改变自己，俯下身子与孩子做朋友。当孩子成绩退步或者不能融入班级时，家长不应袒护孩子，也不应迁怒老师，而应与老师密切合作，陪伴孩子成长；当孩子抱怨学校、老师和同学时，家长不应无原则地附和，而应帮助孩子具体分析困扰他的问题，帮助孩子形成正确的处事态度。

家长处理问题的方法极大地影响着孩子今后的处世哲学。从 C 的成长案例来看，家长在孩子成长的过程中起着至关重要的作用！

三、成果利用 —— 效果最大化

我组织家长征文的目的不是作秀，而是引导家长在反思中转变自己。我通过微信公众号和班级家长 QQ 群分享家长的征文及我写的案例点评，我还邀请优秀征文的作者到家长会上做现场经验交流和分享。

这样做有三个目的。一是提升家长反思的质量。一个人向外人展示自己的时候，一般会调动最大的智慧和勇气，展示最优秀的自己。家长会格外认真对待公开展示的征文和教育观念，甚至会借此改变内心根深蒂固的错误观念。二是扩大教育范围。各个家庭面临的教育问题有很多相似之处，个别家长观念转变后带动孩子进步的成功案例总是充满吸引力，我将其分享给更多的家庭，对他们而言这既是一个参考，也是一种鼓舞。三是巩固反思成果。心理学理论告诉我们，一个人在公共场合说出的观点，有时即使不完全符合自己的想法，但由于是面向公众作出的承诺，他往往会坚定地去完成。家长的反思成果经过广泛传播后，就能真正内化为家长稳定的心理认知，指导他们的教育行为。

一位家长过去与孩子的关系十分紧张，经过反思后她做出了巨大的转变。我把她的征文推送给每一个家长，并邀请她在家长会上交流经验，将她树立为通过自我改变优化亲子关系的榜样。后来我向这个孩子了解情况，孩子反映他妈妈在家里与他说话的语气、交流的方式确实与以前不一样了。这位家长的征文中有这样一段话：

其实，我应该感谢我的孩子，感谢他在我这个不称职的妈妈身边仍能健康地成长。他活泼、善良、阳光、不屈不挠，他的心理素质甚至比我强。比如，在中考成绩刚出来的时候，我沮丧的情绪并没有把他打倒，他反而安慰我说不管去哪个学校读书，他都会好好学习（虽然之后他并没有像承诺的那样努力），他的中考成绩不如他的好朋友们，不代表一辈子都会输给他们。我的孩子没有因我那种不当的反应而自暴自弃，对此我很欣慰。从那以后我彻底改变了，我开始把孩子当成一个独立的个体，客观地评价他的学习成绩，帮助他分析考试失利的原因，指导他如何做人做事，尊重他的选择并且给予合理的建议。我也从繁忙的工作中走出来，更多地关心家庭和孩子。虽然我的孩子不是最优秀的，但我深知，只要他保持清醒的头脑、良好的心态、积极进取的精神，不管前路是荆棘还是泥泞，他终究会看见彩虹。

是的，"经一事，长一智"，这正是我希望通过家长征文活动向家长们传递的理念。

>>> 李伟·安徽省淮北市第一中学

策略12

我们班的家庭教育小社团

担任2012级（2）班班主任以来，我在班上开展的家庭教育小社团活动可以说是有声有色，学生、家长、老师都从中受益匪浅。

一、家访孕育小社团

我一直把家访当成班主任工作的重中之重。在对新入学的一年级学生进行完大面积的家访后，我发现虽然所有家长对孩子的期望值都很高，但大部分"80后"家长，在教育孩子方面都是心有余而力不足。一次，我到帆帆家家访时，她的妈妈说："我们周五晚上一般都会到润泽家中玩，家长聊家长的，孩子玩孩子的，这样大家都有一点儿放松的时间。"说者无意、听者有心，家长的一句话引起了我的深思：为什么不把志趣相投、家长关系比较好或者住得比较近的几个家庭组成一个家庭教育小社团呢？他们可以自定时间，自定形式，定期组织活动，这样既方便我家访，又能让大家互相借力，共享教育智慧。

经过深思熟虑后，家庭教育小社团的模式已在我脑中初现雏形，但是我没有贸然召开家长会布置任务。根据我做班主任的经验，只要是班主任布置的任务，家长都会同意，但很多时候他们只是被动地完成任务，不会积极主动地参与。所以我一直在思考怎样才能让家长成为活动的主人。我多次与班级家委会成员沟通，听取他们的意见和建议。我的诚心最终打动了他们，几个家长代表主动提出担任所在社区家庭教育小社团的团长，负责制订计划、组织活动。

二、策划活动巧发展

组织家庭教育小社团光有热情可不行，家长毕竟不是教育专家，班主任必须引导家长朝着我们希望的方向开展工作。

我和班级家委会主任精心策划，筹备了第一个家庭教育小社团，并取名为"蒲公英小社团"，希望它像蒲公英一般落地生根、茁壮成长。为了吸引孩子们积极参加，我们还给社团提了一个响亮的口号："相约星期五，快乐伴我行。"开始时只有两三个家庭参加，后来发展到四五个家庭。家长轮流组织活动，场所一般设在组织者的家中，有时也在书店等地方。活动时间一般定在每周五的晚上，活动内容十分丰富，有才艺展示、自由活动，还有基础知识测试——本周的社团组织者根据孩子的学习情况，拟定一份难易适度的小试卷，将各学科知识均纳入其中，孩子大约 20 分钟可以完成，不会增加课业负担。另外，歌曲演唱、竖笛吹奏、美术课上的手工制作、英语课上的脱口秀、语文课上的诗朗诵，还有孩子们课外所学的各项本领，都可在这里展示。在活动过程中，家长也可以助演或即兴表演。家长们精心准备的小礼品也让孩子们充分品尝到了成功的快乐。在自由活动时间，孩子们更是尽情地玩耍，家长们也敞开心扉，充分交流，大人和孩子都流连忘返。

经过半年的尝试，家庭教育小社团真正发挥了作用，家长高兴，因为家庭教育中的一些困惑，在家长们的集思广益中得到了解决；孩子高兴，因为他们在集体活动中既发挥了自己的优势，又看到了伙伴的特长；受益最大的是班主任，因为这项活动的开展，既方便了班主任家访，又增强了家长参与学校工作的主动性。原来我一晚上最多访问三个家庭，行程十分匆忙。现在，我可以在两个小时的时间里轻轻松松地与五到八个家庭的家长、孩子交流。原来的家访模式是"发出通知 — 教师家访 — 家长接待"，班主任辛苦，家长应付，结果常常事倍功半。现在是"家长邀请 — 教师参与"，事半功倍。在学期末的全体家长会上，我向所有家长介绍了几个家庭教育小社团的开展情况，其他家长听后也都非常认可这种形式，纷纷要求参加。家长们经过商量讨论，当场就成立了几个家庭教育小社团。

三、缤纷社团育硕果

1. 学生慢慢成长

组织家庭教育小社团后，我欣喜地看到了孩子们的变化：他们像兄弟姐妹一样无话不谈，互相帮助，团结一心。昔日自私自利的行为不见了，更多的是主动分享。娇弱的"公主"、傲慢的"王子"不见了踪影，取而代之的是一群为了一次活动一起出谋划策的小大人！每每看到这些，我都既欣喜又感动！我深知孩子的成长有家长们执着组织活动的功劳！

孩子们由于经常在小社团内展示自己各方面的才艺特长，自信心也得到了很大提升。在年级组织的庆祝儿童节活动中，我班有三十多名学生积极报名参加，是全年级九个班中参与人数最多、最积极的班级。孩子们在台上自信的笑容与他们平时在小社团里的锻炼是分不开的。

2. 家长成为教育的同盟军

家庭教育小社团成立之初，参与的家长一般都是孩子的妈妈。我认为缺少爸爸们的参与，我们的社团活动是有缺憾的。因此，我在组织社团活动时，明确要求父母都必须来。一开始，个别爸爸出于对我的尊重不好意思不来，但随着参与活动的次数越来越多，他们对教育子女的热情也越来越高。尤其是在陪伴孩子的过程中爸爸们发现了很多问题，也就逐渐放下架子，关注起孩子的教育问题。由此，我们班掀起了一场爸爸参与教育的热潮。

3. 班主任的工作更加高效

学生有了明显的进步后，我的工作也轻松了不少。班里形成了"比、学、赶、帮、超"的氛围，学生参与班级活动的积极性高涨。例如，在学校每学期组织一次的制作环保垃圾箱活动中，学生与家长联手创作，作品的质量是"芝麻开花节节高"，而我的工作就是到时间收作品；每学期初的准备工作工作量很大，我们班的各个小社团在团长的带领下，自发带上工具来到学校，家长擦玻璃、换洗窗帘，学生扫地、擦桌椅，把新书发放到每个学生的桌子上，各项工作安排得井井有条，等到开学的日子，所有准备工作都已经做好。

个体的进步凝聚成集体的进步，集体的进步带动个体的进步。团结、发展、进步，对2012级（2）班来说已经不仅是一个个词语，这些已经融入了我们这个班集体的血液中！

>>> 张艳丽·山东省博兴县第一小学

策略 13

更好地发挥班级家委会的作用

国内外的实践经验证明,班级家委会在班级建设中可以发挥特殊的作用。但在实践中,不少班主任却很难将家委会的作用发挥到位。

一、多种原因导致家长缺乏参与班级建设的积极性

第一,家长的价值取向、职业地位、文化程度、经济收入等往往不同,致使家委会很难在一个学期、一个学年或一个学段内产生凝聚力。有时家委会还未来得及磨合好,这个班级可能就要解散了。因此,不少班主任不愿在家委会中花费过多的精力。

第二,家委会成员在参与班级建设时与班主任的地位应是平等的,但实际上家校关系往往不平等。家长一般处于等候班主任召唤的被动地位;大多数时候,他们单向地接受班主任的指挥,并没有太多权力。这导致家长对参与班级建设积极性不高。

第三,家长参与班级建设的途径单一,导致家长只能浅层次地参与班级建设,内容往往只围绕提高家教水平和学生的学习成绩。而班级建设中其他方面的内容,家长往往没有参与途径。

第四,家委会的常态化运行有现实阻力。大多数家长人到中年,"上有老,下有小",不仅要操持家庭,还要为事业打拼,很难有时间参与班

级建设。另外，大多数家长长期被动地参与班级建设，参与的主动性无法在短时间内被激发出来，他们很难独立承担起家委会的组织工作。班主任在繁重的班级建设、教学事务的压力下，很难抽出时间与家委会一起开展班级建设工作。

二、改变利益主体，让家委会活动触动每一个家庭的神经

1. 转变家长的观念

班主任要努力转变家长的观念，将其由漠不关心者、麻烦制造者、信息接收者、需要帮扶者转变为参与者及合作伙伴。另外，班主任也要明确家长参与班级建设的主体地位。我们要让家长意识到，在家委会中，班主任和家长的地位是平等的，家长也处于主体地位，而非次要的从属地位。

2. 了解家长不参与班级建设的原因

家长的自身条件严重影响其参与班级建设的积极性。家长能否积极地参与班级建设，受家长的工作模式、经济状况、社会地位等客观因素的影响。比如，从事半日制工作或自由职业的家长，往往比从事全日制工作的家长参与积极性高一些，因为他们有充足的时间。

3. 让家长分层次地参与班级建设

班主任要承认家长之间存在差异，不要用同一个标准来要求所有家长，应根据每位家长的具体情况，让他们分层次地参与班级建设。第一，低层次参与。对班级建设不是特别关心的家长，只要能到校参加家长会、参加学校开放日，在孩子的作业本、练习本上签字，愿意加入班级QQ群等就可以了。家长只要能做到这些，就能简单地了解班级建设信息。第二，中层次参与。只要家长能接受家访、到校参与班级建设、为班级筹集资金等，就表明家长已是中层次参与者了。第三，高层次参与。热心班级建设，有时间，有一定财力、人脉、人际沟通能力的家长，可以选入家委

会，班主任还要选出一位称职的家委会负责人。

4. 形成家委会的工作流程，确保家委会正常运转

班主任和家委会的负责人应一起商量制定家委会的双向工作流程：沟通⟷协调⟷谋划⟷督促⟷反馈。（1）沟通。班主任要和家委会成员一起了解班级的情况，要让家委会成员了解自己的工作计划、班级工作动态，与此同时，还要请家委会成员在了解这些信息后，向其他家长征集他们的需求、愿望，进行双向沟通。（2）协调。家委会既要代表班级说话，还要代表家长说话。班主任应和家长们通过协商，确定班级建设的长远目标和当下的工作重心。（3）谋划。班主任要召集家委会负责人、任课教师、家长精心谋划，把达成的共识转化成具体的工作方案，并协调各方力量分头落实。（4）督促。这一环节主要由班主任和家委会负责人落实。班主任和家委会负责人通过电话、邮件、QQ等方式了解工作方案的落实情况，确保预期的工作方案能顺利落实并达到预期效果。（5）反馈。班主任要协调家委会，不断地把家长的意见反馈给任课教师，同时把自己和任课教师的想法反馈给全班家长。这里的反馈实际上是另一种沟通。在完成这一环节后，本工作流程便又要从头开始。

班主任和家委会成员在具体工作中既要遵循这一工作流程，又不能太拘泥于这一流程。因为这个工作流程不是单向延伸的，而是双向互动的，班主任、家委会成员要随时根据班级建设的具体情况进行调整。

5. 选取合适的家校沟通方式

第一，通过合适的方式，加强与家长之间的沟通。电话沟通：班主任要多与家长通过打电话、发短信的形式取得联系，让家长及时、准确地了解学生的成长情况。建立班级QQ群和微信群：班主任要鼓励家长之间交流家教经验，鼓励家长向自己提供信息，以随时掌握学生的情况，了解家长的心声。建立家校博客：班主任可以坚持写博客，用视频、图片和文字的形式把每一个学生生活和学习中的点滴记录下来，让家长及时了解学生的成长情况。书面联系：班主任还可以通过写便条、写书信等形式与家长取得联系。

第二，定期或不定期地召开家长会。家长会有两种形式。第一种是全体家长都要参加的家长会。班主任可以每学期召开一次或两次全体家长会，让家长全面地了解学生在校的情况。第二种是三五个人参加的小型家长会。班主任可以把成长情况基本一致的学生的家长请到学校来，由家委会和班主任一起组织召开家长会。

第三，建构学生成长档案，有针对性地和家长联系。班主任可以把学生在校的学习、生活情况记录在成长档案里，由学生定期带回家，让家长记录学生在家的学习、生活情况，班主任和家长进行书面交流。

>>> 王立华·山东省临沂市光耀实验学校

> 策略 14

城市家校合作的新模式 —— 家家合作

家庭和学校有着共同的目标，家校间应开展合作已成为人们的共识。事实上，家长们也可以进行互助合作 —— 家家合作。

一、家家合作的含义及形式

所谓家家合作，就是助力孩子健康成长的共同目标将一些家长聚在一起，他们组成亲友团，发挥集体的智慧，共享彼此的资源，为大家提供便利，共谋育子良方。家家合作让家庭摆脱了孤军奋战的局面，是家校合作的新模式。

家家合作大致可以分为两种形式。

1. 以学生在校时形成的良好关系为基础，带动家庭间的联系和交流

平时关系比较好的学生在校外可以继续联系，或讨论学习问题，或谈天闲聊，或周末进行户外活动等。学生间的联系，可以带动家长之间的交流。让孩子更好地成长的共同目标将家长紧密联系在一起，他们可以分享家庭教育的心得，探讨如何为孩子的发展创造更好的条件等。这是一种自然生成的合作，可以不受居住距离远近等因素的影响，是目前家家合作的主要形式。

2. 班主任帮助搭建家庭间的互助合作关系

班主任可以根据实际情况，把居住在同一个社区、相邻楼盘的学生编成学习小组，鼓励学生间探讨合作，互帮互教。班主任也可以为居住地相距较远的学生和家长牵线搭桥。

此外，有一些家长是同事、朋友、亲戚关系，或经人介绍而彼此认识，他们可以群策群力，共同助力孩子的健康成长。这也是家家互助合作的重要形式。

当然，这种划分不是绝对的，可以交叉重叠，但以来自同一个小区且关系比较好的学生家庭间的合作最为普遍。

二、家家合作的意义

1. 家长互助合作，促进孩子健康成长

家长都希望孩子在闲暇时光有小伙伴陪伴，期望孩子能全面发展。有了家家合作，家长们可以交流孩子的学习情况，介绍自己的经验，拼车接送孩子上下学，照顾父母临时出差的孩子等。家长们共享彼此的资源，合力促进孩子健康成长。家长间的互助合作，不仅能促进孩子健康成长，改善亲子关系，还能节约教育成本。随着交流次数的增多，家长甚至可能成为好朋友。

2. 校外生生合作，建构学习共同体

有了家家合作，学生在家时可以通过打电话等方式联系小伙伴，甚至可以到同学家一起做作业，把在学校里合作探究的做法延伸到家庭。学习成绩好的学生可以帮扶成绩不太理想的学生，成绩不太理想的学生之间可以相互鼓励，同学之间形成一种"比、学、赶、帮、超"的氛围。在这个过程中，学生培养了合作的习惯、互助的意识。同学间的关系也在这种校外互助合作中得到升华。

3. 同学成了好玩伴、好朋友

在课外闲暇时间，学生们可以相约一起去发展共同的兴趣爱好，譬如一起去打篮球、看展览等；倾诉彼此的成长烦恼 —— 学习压力大，人际关系出现问题，与父母沟通有障碍等；交流个人的梦想，谈论班里的人或事，评论社会时事等。年龄相近的他们会逐渐形成自己的圈子。因为对彼此知根知底，家长往往不会对孩子有交友安全方面的担心。这样，同学逐渐成了好玩伴、好朋友。

三、影响家家合作的因素

1. 利益失衡

大多数家长都希望与水平相当或是水平高于自己孩子的学生的家长交流，愿意与和自己孩子有互补作用的学生的家长合作，目的是让自己的孩子见贤思齐，"近朱者赤"；而不大愿意与水平不如自己孩子的学生的家长合作。这就是说，家长间的合作要互惠互利，单方面付出的关系是不能长久维系的。当然，也有个别热心肠的学生和开明的家长，很乐意无私帮助其他学生。

2. 对早恋的担心

有些家长担心男女同学交往过密会导致早恋等问题，尤其是处于青春期的学生的家长往往对此事很敏感。有些女生的家长不支持孩子与男生互助合作，有时即便双方很真诚地互帮互教，家长仍要严密监控，这令学生感觉不被信任，合作的效果受到很大影响。

3. 质疑合作效果

有些家长认为，学习成绩好的学生是会做某些题，但是不一定会讲解，或者有可能讲不清楚，没有老师讲得那么通透，因此他们认为学生间帮教的效果不大；有些家长认为孩子的成绩好就行，没必要与他人合作；

有些家长认为和老师沟通交流就行了，不需要与其他家长交流；也有些家长因工作忙而无暇顾及与其他家长合作交流……总之，一些家长质疑这种合作方式的效果。

4. 引导缺位

班主任不仅是家校合作的协调者，更是家家合作的推动者。[①]但有些教师更为重视家庭和学校的合作，注重教师和学生的互动，对家庭间的合作不够重视。也有教师认为自己的主要职责是做好校内的工作，家家合作是家长们自己的事情，学生尤其是住得较近的同学和家庭可以自由组合，自发合作。这种认识导致家家合作引导缺位。

四、推动家家合作的路径

1. 学校要做好思想动员

苏霍姆林斯基曾说过，教育的效果取决于学校和家庭教育影响的一致性。学校要通过各种途径做好家长的思想动员，让家长认识到家家互助合作在提高孩子的学习能力、塑造良好品格、培养团队精神、拓展才艺特长等方面的巨大作用，帮助家长认清竞争与合作的关系，不断开拓教育思维，变"单打独斗"为"集体作战"。

2. 班主任要做好统筹协调

掌握着学生的学习情况和家庭信息的班主任可以综合学生的学习成绩、兴趣爱好、居住地址、家长情况等因素，为学生和家长牵线搭桥，优化组合，帮助他们建立互帮、互教、互补的合作关系。现在学校一般按照学生的居住地划学区招生，所以同班同学基本上来自一个临近的区域，联系起来很方便，具有合作的天然便利。班主任可以把学生编成学习小组，

---

① 史转康. 从"学习永恒体"到"学习共同体"[J]. 上海教育科研，2008（7）：64.

跟踪小组的合作情况，制定评选"优秀学习小组"和"互助学习先进分子"等激励措施，并请家长帮助跟进和监督，为学生的同伴互助创造条件。班主任还要及时向家长们反馈学生的在校表现和变化，实现家长、学生和老师之间的良性互动，把家家合作落到实处。

3. 家长要积极主动地参与

家长要充分认识到自己在家校合作中的重要作用，积极地与其他家长沟通，扎实推进家家合作，协同促进孩子健康成长。

综上所述，在城市推进家家互助合作，汇聚家长们的智慧，整合亲友们的力量，全力对接学校教育，可以丰富家校合作的内涵，建构教育共同体，合力实现教育梦。

>>> 孙国宽·广东省深圳市宝安中学

策略15

通过家长授课促进学生成长

儿童在成长过程中,就像乘坐一辆辆巴士不停前进,从此站到彼站,透过一扇扇车窗感受美好的生活,瞭望广阔的世界。我们班组织的"巴士窗"活动的名称便来源于此。

一、特别的邀请

邀请函

阳阳的爸爸:

您好!

您是一位军人,我们特别崇拜您!三年级(1)班全体师生真诚地邀请您成为我们班"巴士窗"活动第一站的嘉宾,希望能聆听到您关于军事知识的讲座。期待您的加入!

三年级(1)班全体师生
2018年10月

二、精心的策划

得知阳阳的爸爸同意参与活动的消息后,全班同学都沸腾了!可以聆听与小学生相对遥远的军事主题，孩子们的激动心情可想而知。那些活跃的小子们，满眼的兴奋，满脸的向往……就连那些一向安静的小女孩儿也开始充满期待。

1. 讲座讲什么

学生们想听什么？晨会课上，每个学生都写下了自己最想了解的军事问题以及最好奇的军事知识和军队故事。

班主任想说什么？我希望通过这次活动，让学生们了解和学习部队里严明的纪律、军人吃苦耐劳的品质及保家卫国的爱国思想。

家长想传达什么？我借助电话和邮件咨询阳阳的父亲，了解哪些内容是他最想告诉学生们的。

班干部和阳阳一起，把大家的意见进行整理合并，通过邮件发送给阳阳的爸爸。然后，再通过发邮件和打电话沟通的方式与阳阳的爸爸确定讲座内容，最后制作、修改PPT。

2. 讲座怎么讲

传统的讲座形式常常让人觉得乏味。班主任、家长、学生讨论后决定，除了知识讲解外，还要辅以多种多样的活动方式，如用知识问答的形式进行互动，用PPT呈现以实现图文并茂，用视频拉近双方的距离，以实物展示的方式增强直观感受……

3. 学生做什么

讲座开始前我们只能坐着等吗？不！讲座开始前，学生们便围绕"军事"这一关键词展开了搜索：军事武器、军事生活、军事知识……课间的话题不再是电子游戏等，学生们开始对自己的"专项研究"津津乐道。有的学生画了一幅画，表达对军事的印象或者心愿；有的学生写了一段话，表达自己对此次活动的向往……更多的学生在为知识问答环节做准备，因为冠军可以得到一份特别的礼物！就这样，在讲座开始前的短短几个星期里,"军事"两个字已在学生们的口中、心里热起来了!

三、精彩的讲座

期待已久的讲座终于要开始了!在国庆节后的第一节班会课上,阳阳的爸爸穿着一身军装走进了我们三年级(1)班,全班同学再次沸腾。阳阳的脸上更是无比骄傲,今天他比以往任何一天都更加遵守纪律,更加自信满满。

虽然阳阳的爸爸普通话讲得不是特别好,有些知识对孩子而言还有些深奥,但是这次特别的"巴士窗"活动,让每一个孩子都睁大了双眼。他们透过"巴士窗",瞭望一个完全陌生却充满吸引力的世界,生怕错过任何一个新奇的"景点"。看到视频里那整齐划一的步伐,孩子们发出感慨的同时挺直了腰身;听到士兵们为了履行自己的职责,长年累月驻守边关不能与家人团聚时,孩子们的眼睛里闪烁着泪光。在知识问答环节中,虽然有很多问题孩子们并不知道正确答案,但公布答案后,那恍然大悟的神色,那会心一笑的表情,无一不在告诉你:这是一个多么富有生机的课堂,这是一群多么好学的孩子,这是一辆多么令人向往的"巴士"!

课后,孩子们和阳阳的爸爸挤在一起,交流分享更多的话题。那些递给阳阳的爸爸的图画,那些赠送给他的小礼物,无一不在告诉我们:"巴士窗"不只装载了今天的快乐,还将给孩子和家长带来更多美好的回忆。

四、悄悄发生的变化

活动过后,孩子们悄悄地发生了一些变化。之前阳阳因刚转学,在各方面与集体格格不入,现在他的脸上多了自信的笑容,谈起爸爸时,语气里更是充满了自豪;课堂上他不能控制自己想说话、想做小动作时,只需老师一个眼神提醒,他就能马上改正……不只是他,那些想当特种兵、想当元帅的淘小子们管不住自己时,我会指指墙报上阳阳的爸爸"管不好自己纪律的人肯定当不了好兵"的赠言，每次都收效明显——这可比班干部、班主任的约束好用多了……"巴士窗"外的风景独好，"巴士窗"内的生命在悄悄拔节！

第一次活动结束后，经孩子们口口相传，家长们都知道了班级的"巴士窗"活动。一些家长经不住孩子们的怂恿、加油，也加入了我们。

维维的爸爸当时是海安县书法协会的会员。他结合年级组织的"我们爱书法"活动，为我们进行了有关书法的讲座，并现场挥毫泼墨，写下作品，赠予班级。

博博的爷爷是一位眼科医生，他接受我们的邀请，做了一场名为"眼睛，心灵之窗"的讲座，孩子们受益匪浅。

…………

"巴士窗"活动拓展了学生的视野，培养了学生不断学习的意识，提高了其动手操作、口语交际等综合能力，改善了亲子关系。从事各行各业的家长带来的专业知识，填补了孩子们的知识盲点，帮助孩子们重新审视自己的学习态度和对未来生活的规划……

>>> 姚国艳·江苏省海安市实验小学

策略 16

开展亲子陪伴活动

一、问题描述

最近一段时间,老师和学生经常向我控诉小艾的"罪状",这让我有点儿始料未及。小艾是比较另类的女孩儿,但我无法想象抄袭、偷窃、打架等词语会与她挂钩。我拨通了小艾父亲的电话,他听了我的叙述后也觉得很意外。幼苗的健康成长离不开丰盈的土壤,孩子的成长离不开良好的家庭环境,我决定家访。

小艾家住在老式的农村平房里,家里经营服装生意。我去时,小艾的父亲正在忙碌,小艾的母亲手里抱着弟弟,一见到我就说:"老师,我拿她没办法!作业不做,澡也不洗,我的话一句也不听!"话语中透露出无奈和不耐烦。一边的弟弟开始耍赖打滚,小艾的母亲马上温柔地哄道:"弟弟乖,弟弟最乖了对吧?妈妈知道的。"我有两个孩子,对这样的画面十分熟悉,听了她的话我的心里不禁一颤。

我试探性地问小艾:"是不是觉得家人冷落你了?"话音刚落,她就开始止不住地掉眼泪,随后歇斯底里地冲父母喊:"你们的眼里只有弟弟!有了他以后你们就再也不关心我了!"压抑已久的委屈像山洪般突然暴发。看着眼前的情景,我陷入了沉思。

心理学相关研究表明,家庭对一个人人格的形成有重要影响。通过家访，我了解到小艾变化的根源——每个儿童对父母都有依恋，家人对弟弟的偏爱使小艾的依恋情绪缺少寄托，她希望通过一些异常的表现让他人关注自己。

了解到小艾的情况后，我在班里开展了有关亲子陪伴问题的问卷调查。数据很真实，也很震撼。86%的学生认为自己缺少父母的陪伴，父母即使在家里休息也会看手机；很多学生认为，父母重视成绩但缺少过程引导，不了解自己的喜好等。这些现象在二胎家庭和单亲家庭中更为普遍。很多学生认为父母忽视了自己，最想对父母说的话是"多陪陪我"。

在"多陪陪我"心声的背后，孩子们的具体情况是怎样的呢？我进一步了解了这些孩子的家庭后，发现这些孩子的家庭环境有一些共性：不少家庭来自农村，家长教育意识淡薄；一些家庭是本地父亲和外地母亲结合，生活习惯上的差异等导致了离异；生了二胎后一些父母不知道该如何关注大宝。可见，缺少父母陪伴已经成为教育中不容忽视的问题。我突然意识到班上原来还有许多个隐藏的"小艾"：他们内心敏感，不够自信；如果这种隐藏的负面情绪积压太久，不知道哪天会爆发。亲子陪伴，刻不容缓！

二、家校共育

1. 陪伴有约

我把问卷调查结果发在家委会群里，家委会成员纷纷建议："把数据与孩子们的心声发在班级家长群里。""开个家长会，让家长代表讲述陪伴的重要性。""让孩子给家长的陪伴打分，分数低的我们要私聊。"

一番头脑风暴后，我们决定先组织一堂名为"陪伴有约"的亲子主题班会。主题班会由家委会牵头，我负责动员家长全员参与。可喜的是，家长们均如约而至。孩子们初次尝试亲子班会，欢欣与好奇不言而喻。

在"家长有话说"环节，我请到了外援嘉宾——我的父亲。父亲讲述了我上初中时母亲出国务工后他陪伴我的故事。父亲的难处家长们都能懂，父亲的做法引发了家长们的深思。最真实的例子带来了最深刻的触动。

随后，家长和孩子分别完成了"心有灵犀测试"，测试内容包括孩子的鞋码、父母所属生肖、孩子的爱好等。公布测试分数时，我能清晰地感受到高分者的骄傲和低分者的尴尬。家长和孩子交流答案时，教室里像炸开了锅——有的孩子嘲笑父母的答案荒唐，有的家长责备孩子这都不知道——可互动不就是陪伴吗？

在"你是我的眼"游戏环节中，我特地邀请一部分缺少父母陪伴的孩子及其家长参加。我请家长们蒙上双眼，在孩子的指挥下画人脸。父母在孩子的呼喊声中尽力地配合着，笑声不绝于耳。

最后，在《亲爱的小孩》这一乐曲声中，我在教室的大屏幕上呈现了孩子们的成长相册，家长聚精会神地回顾着。这时，孩子们将之前写好的信交给父母。教室里安静得很，一些家长已眼泛泪光。

2. 陪伴打卡

亲子主题班会结束后，我趁热打铁，和家委会成员共同商议，利用晓黑板 APP 组织家长每天进行"陪伴打卡"活动，要求家长每天上传亲子活动或孩子做作业、阅读、运动、做家务等的照片或视频，各个家庭之间可以点赞和留言。家长们纷纷表示赞同。

第一个星期，家长们热情高涨，陪伴打卡率在 95% 左右。有孩子伏在书桌前看书的，有孩子和父亲下象棋的，有孩子和家长一起做手工和运动的。一张照片，一段视频，一段朗读，每个家庭都有不同的生活情态。最有趣的是家长们之间的留言和调侃，结论总是：别人家的娃真棒！

第二个星期，家长们热情渐弱，打卡人数骤减，所幸参与策划的家委会成员们会时常鼓励和提醒："××昨天怎么没有照片呢？"家委会成员们不仅起到了带头作用，还会经常督促忘记打卡的家长。一个月，两个月……打卡活动继续着。有了这个活动，孩子们的交流话题变多了。小艾的母亲也坚持每天打卡，小艾似乎也在悄悄改变。

3. 陪伴积分

有一天,我收到了一条家长发来的微信:"周老师,这个'陪伴打卡'活动很好,我家孩子不喜欢课外阅读,我正好利用这个机会每天让她读读课外书。但我发现有些家长每天都发类似的照片,有点儿为拍照而拍照。"

确实,我也关注到在打卡活动中亲子陪伴的内容有些单一。为了升级"陪伴打卡"活动,丰富亲子陪伴内容,激发家长的陪伴动力,我和家委会商讨后决定开展"陪伴积分"活动。我请家长代表分别从生活、学习、娱乐、运动、劳动等方面,列举亲子活动的项目,例如,看一场电影、完成一次旅行、给对方洗头、共读一本书等。之后,我将罗列出的陪伴项目汇总并印发给每个家庭,家长完成一个项目就可以打一个钩,每月进行积分总结、评比反馈。期末我结合班级讲演活动,开展"介绍陪伴足迹""讲述陪伴故事"等系列活动。随着"陪伴积分"活动的开展,在朋友圈晒娃的家长更多了。

在开展"陪伴打卡"活动后,最让我感动的是一个个独立的家庭慢慢融合成一个大家庭。小宇的脚受伤了,但来学校接他去看病的竟然是小晨的妈妈。原来小晨的妈妈与小宇的妈妈经常在打卡时分享交流,渐渐成了知音。得知小宇的妈妈没空,小晨的妈妈义不容辞赶来学校送小宇去看病。她的付出使我明白:集体也是家,陪伴是可以共享的!

如果说共享经济是分享资源,可以让大家获得经济与便利,那么共享陪伴就是分享爱,可以让大家获得温暖与力量。如果家长们都可以分享自己的时间、特长、资源来帮助班里的孩子,让他们得到更有深度和温度的关注,不仅能够凝聚班级,还能温暖那些内心感到孤独的孩子。我与家长们沟通了共享陪伴的建议,得到了许多家长的响应。

小晨的妈妈积极参与学校活动,在群里分享照片和视频,让其他家长第一时间了解孩子的情况;假期里,有时间的家长义务轮流管理自主学习活动小组;小君的父母晚上7点才能下班,住在学校附近的家长提议小君先到自己家做作业;在校艺术节活动中,许多家长主动提出剪辑视频、编辑音频并提供技术支持；双休日里，一个家长带领几个学生参观景点……微信群里也出现了很多美好的声音："感谢分享孩子们的照片。""现在孩子在我家哦。""辛苦您带他们去科技馆，下次我来带。"……

不知不觉中，孩子们的问题变少了，笑容更多了。看到这些温暖的话语和孩子们细微的变化，我感受到陪伴是最好的爱。

三、收获及反思

孩子有问题时，我们往往会归因于家庭结构。但心理学研究发现，真正对孩子的成长产生影响的不是父母婚姻是否完整、家里有几个孩子，而是父母是否给孩子足够多的情绪支持和关怀。如果父母忽视了与孩子的交流，孩子就可能成为"情绪孤儿"，产生各种问题。

陪伴能给予成长中的孩子足够的安全感和信任感。所以，当家庭模式难以改变，孩子的情感需求没有得到满足时，老师直击根源，满足学生成长的精神需要，显得尤为迫切。而与以往单纯的说教相比，组织一系列陪伴活动更能让家长由被动聆听变为主动参与。

对陪伴活动，有些家长是真驱从，有些家长则是假驱从。陪伴活动的优点是给家长施加外界的压力，传递榜样的力量。我们不必因为部分家长一时不尽如人意的行为而苦恼，甚至怀疑活动的价值。在真真假假的行动中，家长一定会经历一个体验、比较、学习的过程，在陪伴活动中强化陪伴意识，增加陪伴行为。

当自己的孩子被大家陪伴和爱时，家长们的愧疚和感激之情就会被催化；当这些家长萌生"我能做点儿什么"的心理时，他们就已经在准备给予陪伴和分享陪伴的路上前行了。

孩子的思想和行为不是一朝一夕可以改变的，家长在陪伴孩子的过程中还会遇到很多问题。例如，依据班情打造的陪伴系列活动提高了家长的陪伴意识，但陪伴的质量较难监测；在陪伴过程中家长和孩子也会产生一些矛盾和分歧，孩子的青春期问题也许会在家长不当的陪伴和沟通中滋生。如何在亲子陪伴中更好地实现"平等与尊重""沟通与引导",如何帮家长在亲子陪伴中提高育人素养和心理素养,还有待我们深思。

>>> 周佳懿·上海市闵行区浦江第三中学

> 策略 17

以绘本为载体，推动亲子共读

绘本是指通过绘画和文字两种媒介，表达特定情感和主题的书，通俗地说就是"画出来的书"。我在日常工作中发现，学生们很喜欢在阅读绘本后尝试着写一写、画一画，可这样的阅读机会与方式在农村家庭中并不多见，因而在很大程度上制约了学生的阅读。为了扩大学生的阅读量，营造更加浓厚的阅读氛围，我在班级中开展了相关的课题研究，并推行"绘声绘色"亲子共读活动。

在推行亲子共读之前，我先对班级的家长进行了一次问卷调查，内容包括家长对绘本的了解程度、对亲子共读的态度、共读时的讲解方式等。通过调查我发现，农村小学的家长对绘本知之甚少，很少有家长有意识地让孩子接触绘本，极少有家长与孩子进行亲子共读活动。问题集中体现在两个方面。一是不会。个别家长即使能与孩子进行一些亲子共读活动，也常常由于方法不得当，功利性太强，导致孩子对阅读产生抗拒，失去阅读兴趣。二是没时间。不少家长以自身工作忙为由，习惯性地将"陪读"任务推给教师，忽视了自身的职责。针对这些问题，我决定从以下几个方面开展工作。

一、只要你愿意，让我引导你（解决"不会"的问题）

我利用家长会，采取三步走的方式积极引导家长在家里开展亲子共读。

1. 向名师学习

我组织家长观看窦桂梅老师执教《我爸爸》绘本课的视频,我在一旁做简要讲解,让家长知晓教师是如何上绘本阅读课的。同时,我告诉家长一定要寓教于乐,将阅读渗透进丰富多彩的游戏中,因为没有一个孩子不喜欢父母和他一起玩。

2. 引发共鸣

我请在亲子共读方面卓有成效的三位家长进行分享。比如,一位妈妈在与孩子共读《逃家小兔》后,女儿抱着她说"永远待在妈妈身边不离不弃",这让她感到非常幸福。又如,一位爸爸正苦于无法解答儿子"我从哪里来"的问题时,恰巧与孩子共读了《小威向前冲》,绘本巧妙地回答了孩子的问题。绘本可以帮助家长解决很多亲子间的问题,改善亲子关系。

3. 树立信心

我请家长欣赏学生在校期间参加绘本漂流活动及上绘本阅读课时的照片,展示绘本创作与制作的成品,让家长看到实实在在的成果。家长们亲眼看到孩子们的成长后,就能真正意识到亲子共读的意义。

二、挤一点儿时间,共同完成作业(解决"没时间"的问题)

我在上下学期分别择优购买了 60 本简装绘本作为在亲子共读活动中漂流的图书,并在绘本上标出 1—60 的序号。绘本到位后,我立即发给每个家庭一份开展亲子共读活动暨绘本漂流活动的倡议书,明确活动形式及要求。

首先,每周一、周五发出绘本,周三、下周周一交回绘本,请家长收到绘本后抽出 20—30 分钟时间陪伴子女共同阅读。这是另一种形式的作业,请家长务必完成。

其次,请家长在亲子共读的过程中,指导子女认真填写"亲子共读学习单"。(我建立了班级QQ群,不定期在QQ群中分享个别家庭的"亲子共读学习单"及教师点评,以增强家长参与亲子共读活动的积极性。我上传的学习单总能在QQ群里引发很多家长的讨论。由于家长之间有了比较,下次交上来的"亲子共读学习单"质量明显会提高很多。这说明家长在这项活动上肯花时间和精力了,而这正是顺利开展亲子共读活动最重要的条件)

最后,在共读过程中,家长要及时鼓励、激发孩子的表达欲望,让孩子的说带给家长幸福感,让家长的答带给孩子满足感。

同时,针对家长推脱因工作忙而无法陪伴子女阅读的情况,我推出了几条奖励措施:

①上下学期在班级中分别评选出两名"阅读小明星",以奖励在亲子共读方面表现突出的家庭。

②在绘本社团课上,给予在亲子共读方面表现突出的孩子更多的表演机会。

③在每月的积分榜上,给在亲子共读方面表现突出的孩子一定的分数奖励。

三、抓住活动机会,让亲子共读焕发光彩

1. 利用《猜猜我有多爱你》开展母亲节的教育活动

2017年母亲节,我们班举行了一场"我送妈妈一朵花"主题班会。活动前,我和孩子们共读了绘本《猜猜我有多爱你》。在征集了孩子们的意见后,我让他们悄悄地向爸爸要3块钱或者拿自己的零花钱,每人订购了一朵花,准备送给妈妈;活动中,我播放了我儿子出生时的视频,组织孩子们欣赏一篇篇有关母爱的美文,每个孩子给自己的妈妈送了一朵花,孩子们深深感受到了母爱的伟大;活动后,我不断收到深受感动的母亲们的感谢短信。紧接着,为了与课题衔接,我们又利用社团活动课开展了一次《我的妈妈》绘本设计比赛,孩子们积极参与,想象力丰富,将生活与艺术有机结合,创作出了一个个饱含深情的优秀作品。

2. 举行亲子绘本大赛

学生有了在教师指导下创作与制作绘本的经验,家长有了欣赏孩子创作和制作的绘本的体验,因此我在班级内组织了一次亲子绘本大赛。收到成品后,我及时在QQ群里及教室的门口展示。学生自己评选出了5本"最佳亲子绘本"。我在儿童节的班会课上邀请获奖家长前来领奖。至此,班级亲子绘本阅读的氛围愈发浓厚。

亲子共读绘本拉近了家长与孩子的距离,搭建起了双方沟通的桥梁,在班级中形成了一股喜爱阅读的好风气。它不仅能培养孩子的阅读习惯,提高其阅读兴趣,更能丰富孩子的想象力和创造力。相信,长此以往,阅读将成为孩子一生的财富。

>>> 周佳燕·浙江省平湖市新埭镇中心小学

策略 18

家校联手，玩转运动会

本学年的校运动会，是我接任一年级（4）班班主任后遇到的第一个大型活动。尽管校运动会结束已有一段时间，但这期间孩子们与父母一起兴趣盎然地参加训练，在赛场上同心协力、奋勇争先的场景，至今依然历历在目。

【镜头一】选拔前的练习：班级 QQ 群里，小漩的妈妈（家委会成员之一）正在组织大家购买练习"娃娃跳"的体育器械，且购买数量已远远超过了班级总人数——因为不少学生的家庭成员也参与了练习。每晚 7 点左右，家长就陆续把视频上传到群里，比比谁家的孩子跳得多、跳得稳。

【镜头二】选拔后的备战：晚上 6 点，在某商场空旷的地下停车场里，6 个参加垒球项目的小朋友，正在家长们的指导下练习和比赛。

【镜头三】激烈的比赛：在 100 米短跑决赛中，我带几位晋级的女生在起跑线处就位，三位家长义工带着啦啦队员们在一旁加油鼓劲，一位负责拍照的家长义工已经在终点线前静待，以捕捉激动人心的时刻。

【镜头四】中场休息：每个桌子上都有家委会送来的蛋糕、饼干、茶叶蛋、糯米麻团等。

....

其实，如何借举行校运动会的契机，激励孩子们踊跃参加班级活动并力争佳绩，同时激发家长的参与热情，让其与孩子一起感受团队合作带来的快乐和成功体验，是我在运动会前就反复思考的课题。活动结果表明，班主任主动联系家长，真诚待人，尽可能多地取得家长的支持并与家长合作，同时让家长之间也建立联系，是促进家校合作、建设优良班集体的有效策略之一。

一、动员

在学校宣布要举行运动会的第二天，我除了动员孩子们积极练习外，还在家长群发了以下短信，意在引起家长对活动的关注。

家长您好！11月中旬学校就要举办运动会啦，运动会里项目众多，总有一项适合您的孩子。烦请家长根据孩子的特点选择1—3个项目，陪同指导和练习（唯有多练习，才能出成绩）。这是孩子们入学后参与的第一次集体活动，希望能得到您的大力支持。期待家校合作，为孩子搭建体验成功的舞台，同时也希望以这次活动为契机，让孩子们初步拥有班级荣誉感。

信息发出的当天，班级QQ群里就炸开了锅，大家讨论最多的是应该立刻去购买练习器材，如长绳、"娃娃跳"器械、篮球等，接着就有了"镜头一"中家长们购买器材、陪孩子练习的场景，这些为学生后续的练习与选拔做了很好的铺垫。

二、组织

我针对每个孩子的情况绘制了不同的表格，打印后分发给了孩子们。我要求孩子们将表格带回家后给家长签名确认，然后上传到班级QQ群的"群共享"中。这样既可以让家长对自己孩子参与的项目一目了然，练习起来更有重点，也方便家长到"群共享"中找到与自己孩子练习相同项目的同学，然后相约共同练习、共同提高。这才有了"镜头二"中的几个小伙伴相约共同练习。

×××：
1. 练习踏步。
2. 60米主力（重点练习起跑）。
3. 200米主力（不能抢跑道，家长可以带着跑一跑）。
4. "赶小猪"（每天都要练习）。

家长签名：（　　　）

×××：
1. 练习踏步。
2. 立定跳远主力。
3. 垒球（方法还需改进）。
4. 二人三足主力（和××约一下，在家长的陪同下多练习，争取做到跑起来）。

家长签名：（　　　）

×××：
1. 练习踏步。
2. 400米（练习均匀呼吸，一圈半后可以冲刺）。
3. 100米主力（重点练习起跑）。
4. 集体跳长绳（耐力不够，每天在家练习单人跳绳，增强耐力）。

家长签名：（　　　）

三、招募

为了保证活动有序地进行，我还在班级QQ群里招募家长义工。原来我担心活动可能会影响家长的工作，家长们会不感兴趣，没想到家长报名的热情出乎我的意料，居然有20多位家长报名。最后，我选择了其中16

位家长分 4 个半天来帮忙。为避免家长因不认识而找不到、拍不到我班学生的情况，家长们群策群力，主动提出由一位妈妈为孩子们代购有红色印花的班服。

四、分享

赛场内，家长义工用相机记录下孩子们比赛的精彩瞬间；赛场外，在 QQ 群和微信群里，其他家长也能通过家长义工的实时播报感受孩子们参与活动的热情和拼搏精神。

班主任的首要任务是营造积极向上、友爱和谐的班级氛围，让每个学生都能愉快地学习和生活。要达到这一目的，集体活动无疑是一个很好的载体。而要让集体活动组织到位、成效显著，家校合作应该是最好的办法，特别是在学生入学之初，家长对学生和班级的关注度很高，一些家长感兴趣的活动是家校间建立合作关系的重要契机。

在第一次集体活动的开展过程中，全体家长与孩子共同努力，分享了活动带来的激动与兴奋、遗憾与不甘，一起驻足当下，总结得失。这时，孩子的进步让家长们乐于被"麻烦"，孩子的不足也将成为家长们关注的焦点。此后，家校间的有效互动、密切配合就会水到渠成。

>>> 朱艳芬·浙江省宁波市奉化区实验小学

策略 19

家长"微提案"

在实际工作中,部分家长由于对班主任缺乏信任,不愿告知孩子在家时的真实情况;一些班主任由于专业素养不够,经验不足,在家庭教育方面存在着心有余而力不足的情况。可以说,如何让学校教育与家庭教育产生合力,更好地引导家庭教育,是每个班主任都不能回避的问题。

一、初步尝试:群策群力,解决实际问题

最近一个月,我接到好几个学生家长的电话,反映孩子使用手机上瘾。这个问题让我觉得很棘手,一来班级有手机使用问题的学生很多,我若一个一个处理工作量确实很大;二来我对如何处理学生在家中使用手机的问题实践经验不足。我觉得可以请家长来为家庭教育中出现的问题出谋划策。可哪些家长可以帮我解决这一问题呢?想了半天也没有结果,我只好先着手设计学生在家使用手机情况调查表,并发在家长微信群中。表格回收后,我找了几个学生在家时可以合理使用手机的家庭,并请这几个家长出谋划策,针对这一问题形成一条条"微提案"。之后,我将几位家长的提案整理成文,发在家长群中,请家长们复议。家长们互动不断,有大加赞赏的,有提出自己的金点子的。我在此基础上将"微提案"进一步修改,并邀请之前反映过类似问题的家长们集体来校沟通,同时利用"微提

案"中的方法来指导家长,并做好后续跟踪。

二、解决之道:家长"微提案"

这次成功的尝试引发了我的进一步思考。尽管我工作已经有十年了,但在家庭教育指导方面,我觉得自身经验还不够丰富,而一些家长在家庭教育上颇有经验和心得。在学校的组织引导下,家长之间的共情和沟通可以帮助一些家庭解决教育问题。于是,我决定进一步完善家长"微提案"这一活动方式。

1. 征集学生问题

学期初,我根据班级学生已有的档案信息(如小学阶段的成长手册)以及假期家访中搜集到的信息等,列出在家庭教育中几类常见的问题,如学习习惯问题、学习态度问题、电子产品使用问题、情绪处理问题等。我在此基础上设计学生在家庭中常见问题征集表(见表1),希望从家长那里了解班级学生在这几个方面存在的共性问题。

表1 学生在家庭中常见问题征集表

学习习惯	例:孩子写作业拖拉,每天写作业要写到晚上11点。 问题: 问题:
学习态度	例:孩子在家学习时,态度不认真,学习效果很不理想。 问题: 问题:
电子产品使用情况	例:孩子使用手机上瘾,会偷拿爷爷奶奶的手机玩。 问题: 问题:
情绪处理	例:孩子遇到挫折时,容易自暴自弃。 问题: 问题:

续表

其他	例：孩子不听家长的话，怎么教育都没有用。 问题： 问题：

2."微提案"的征集和实施

我根据家长们的反馈，整理出班级学生的共性问题；充分调动家长资源，请部分家长提出问题解决方案，填写家长"微提案"征集表（见表2）；请其他家长在微信群里对此提出建议并进行补充。然后，我再依托学校资源，请德育老师、心理老师等专业人士对提案内容提出专业建议，深化提案内容，确保提案具有可实施性。"微提案"完善后，我会马上通过多种方式加以落实 —— 利用家长会组织相关讲座，在家长群里召开微论坛，或邀请部分家长来学校与相关老师约谈等。

表2 家长"微提案"征集表

问题：
提案： 1. 2. ……
提案复议内容：
学校建议：
具体措施：

3.建立家校共育档案

我会结合提案实施过程中的具体实践和家长的反馈，将家校共育档案存档（见表3），作为日后的教育资源和记录，并随着家庭教育指导工作的进一步开展，不断更新家长"微提案"。

表3　家校共育档案

时间：
问题：
提案及具体措施：
家长反馈：

有了成功经验后，我将家长"微提案"活动作为工作计划的一部分，在每个学期初征集问题，每个月就一个问题发起"微提案"并召集有类似问题的家长进行座谈，月末将"微提案"编入家校共育档案。

班主任在指导家庭教育时，若能将更多的教育方法和细节展示给家长，多站在家长的角度为他们出谋划策，通过适当的引导充分调动家长对学生教育的参与热情，相信一定能赢得家长的认同并增加他们自觉参与教育的积极性。这样的双赢，也是家校双方所希望看到的。

我希望日后通过不断地践行，完善"微提案"内容，健全家校共育档案，让其成为家长在家庭教育中可以运用的法宝。

>>> 汪妍·上海市大同初级中学

策略 20

组织家长委员会的四个原则

很多学校和班级都有家长委员会。大部分家长委员会在教育孩子的过程中发挥了积极的作用,但也有一些家长委员会,要么成了摆设,要么作用"过度"。家长委员会参与班级事务时如何把握分寸,是一个值得关注的话题。

某班主任在班级创立之初,挑选了一些具有管理经历的家长,作为班级家长委员会成员人选。家长会上,班主任宣布名单,全体家长鼓掌通过,一切都很顺利。家长委员会的成员热情高涨,纷纷向班主任表示:"班里若有什么事情,您尽管吩咐,我们一定会办得妥妥当当!"

以往,班费都是班委负责收、负责管。这次,家长委员会自告奋勇:"这件事我们来办!让孩子们多些时间看书。"班主任心想:"这样也好,以往收班费,收少了,用起来捉襟见肘;收多了,家长有意见。既然现在家长委员会愿意代劳,何乐而不为?"关于收取的标准,班主任一开始表示要"量出为入",但当家长委员会提出"标准可以高一点儿"时,班主任也就默认了。一些家庭条件比较困难的学生家长虽然有些意见,但为了子女的面子,也都勉强交了。班里第一批学生过生日时,家长委员会用班费隆重地操办了一次,热热闹闹,花费了不少钱。第二批学生过生日时正值期末考试,就没有再办。学期末班费使用情况也没有公布。为此,有家长还给相关监管部门打电话反映过。

班级组织春游、秋游、研学旅行时，家长委员会的成员们又忙开了。谁负责包车，谁负责做攻略，谁负责采购食品饮料，谁负责跟车保驾护航，全部安排得妥妥当当。不只学生不用费力，班主任也不用劳神，大家只要跟着去就可以了。别的班主任看着都非常羡慕，都说有一个优秀的家长委员会，班主任真省心。

上述案例绝不是个案，在当下并不鲜见。这个案例反映出的几个问题，值得我们反思。

一是家长委员会的成立要规范。现在家长委员会成员一般由班主任推荐（说是推荐，其实就是指定），然后在家长会上象征性地"鼓掌通过"。教育部发布的《关于建立中小学幼儿园家长委员会的指导意见》（以下简称《指导意见》）明确规定："学校组织家长，按照一定的民主程序，本着公正、公平、公开的原则，在自愿的基础上，选举出能代表全体家长意愿的在校学生家长组成家长委员会。"只有按照民主程序、"公正、公平、公开"原则，通过选举产生的家长委员会才有公信力，才能服众；如果都是班主任一手指定，其他家长即使嘴上不说，心里也会有想法。

二是应严格控制家长委员会成员的评选条件和标准。《指导意见》要求："家长委员会成员应具有正确教育观念，掌握科学的教育方法，热心学校教育工作，富有奉献精神，有一定的组织管理和协调能力，善于听取意见、办事公道、责任心强，能赢得广大家长的信赖。"一些班主任在推荐家长委员会成员时，往往从"管理经验"和"资源多寡"的角度出发。不可否认，"有门路""有办法"的家长确实能为学校提供更多的便利，但如果只考虑这个因素，那家长委员会就会成为"拼爹会"，会对学生的成长产生不良影响。个别"主动热心"的家长有一些功利思想，希望借助家长委员会跟老师拉近关系从而为自己的孩子"牟利"。有些家长认为，家长委员会成员与班主任走得比较近，他们的小孩儿也肯定比班上其他孩子更受关注。所以，在考虑家长委员会成员的组成时，班主任应尽量考虑各方面的因素，这样才能真正发挥家长委员会的作用。

三是不能让家长委员会成为学校和班主任不合理行为的挡箭牌。一些学校将自己不方便做的事情交给家长委员会去做，例如，学校不能乱收费，就由家长委员会出面去收；学校不能补课，就由家长委员会出面去组织；等等。若群众举报了、"上面"来查了，就说是家长委员会自行组织的。其实，若真的出了问题，班主任和学校是难辞其咎的，不是你说一句"我没有经手，不是我组织的"就可以置身事外的。以收取班费为例，由家长委员会来收支管理班费，既剥夺了孩子成长的机会，也容易滋生一些问题。所以相关事宜应落实《指导意见》的精神，"发挥学校主导作用，落实学校组织责任"，班主任不能放任不管。

四是不能让家长委员会的"过度"履职剥夺了青年班主任锻炼和成长的机会。班主任工作可以让年轻教师迅速成长。如果班主任什么都丢给家长委员会，自己"反主为客"，就会失去成长的机会。古话说"大树底下好乘凉"，要知道，还有一句话叫"大树底下不长草"。从组织成立到履职践行，家长委员会应该在班主任的教育和管理框架下运行，这样才能真正实现家校合作，同时家长委员会不能越俎代庖，剥夺青年班主任锻炼和成长的机会。

>>> 叶存洪·江西省南昌师范学院教育评估中心

策略 21

让家长成为班级教育者

为了调动家长的积极性,促使其主动参与班级建设,形成班级教育合力,共同呵护孩子成长,营造和谐幸福的班级氛围,我进行了以下探索与尝试。

一、通过家长日记促进孩子成长

一项调查显示,我国约有八成的家长缺乏家庭教育知识,很多"80后"独生子女家长对如何养育子女也感到束手无策。引导家长自觉学习、不断成长是班主任的重要职责。我认为,引导家长撰写家长日记是一种很好的促使其不断成长的方法。

家长日记是指父母用日记的形式记录孩子成长过程中自己的收获、困惑以及思考,日有所记,记有所得,得有所悟,悟有所思。家长通过不断地观察、记录、思考、反省、感悟,提升、完善自己,与孩子共同成长。

例如,一位母亲在日记中写道:

1. 有这样一句话:"孩子是父母的复印件。"如果原件不好,复印件怎么可能好呢?今天我反思自己,过往的教育是言传大于身教,要求孩子做到的,自己却做不到。我要从每天坚持记家长日记开始,给儿子树立榜样,和孩子一起成长,一起加油!

2. 我跟孩子说,只要承诺了,就一定要做到。写家长日记这件事情让我意识到,和孩子一起成长真不是一句口号,家长要有实际行动。教育的本质不是说教,而是引领,我一定要坚持下去……

3. 今晚下班回家后,看着孩子聚精会神地写作业,我很高兴。这是一个好的开端,我们要继续努力!

4. 开学已有一周,孩子的表现比之前好多了。现在细细想来,他今天的表现和我这段时间的表现有一定的关系。我承诺坚持写家长日记,无形中给了他一种力量。这种积极向上的力量也在激励着我,让我努力成为一个好家长,一个让孩子又爱又敬的好妈妈!父母给孩子最好的礼物是榜样,今天我成为他的榜样,将来他一定会成为我的骄傲,加油!

5. 以前怕写家长日记,总感觉没有什么好写的。坚持一周后,我感觉写家长日记是一件美妙的事,它在我和孩子之间架起了一座沟通的桥梁。我现在也鼓励他每天写日记,相信他会有所收获!

…………

从9月1日开学到第二年的1月18日放寒假,这位母亲坚持不懈,撰写了一百多篇家长日记。母亲的恒心与毅力、收获与成长跃然纸上,孩子也在悄悄改变。原先那个经常不写作业、玩心重、成绩一般的孩子在不知不觉间成为一名品学兼优的少先队员。孩子对母亲说:"妈妈,你要一直坚持为我写家长日记,小学要写,初中要写,高中要写,大学还要写。如果我今后有机会当老师,也一定要让我的学生家长写……"

母亲在日记中写道:"因为我的改变,我们互相认同、彼此欣赏,收获了不断成长的喜悦,这份喜悦让我们信心满满地迎接未来更大的挑战。"

二、通过家长的讲座拓宽孩子的视野

家长们从事着不同的工作，有着不同的人生经历和生活感悟。这些都是班主任引领学生成长的教育资源。我每周邀请一位学生家长到学校里为学生做讲座。家长们的讲座，为孩子们展示了一个立体生动的大千世界，让孩子们呼吸到书本之外的新鲜空气，他们的视野变得更加开阔，精神得到陶冶。

家长们用自身的经历告诉学生生活的意义。他们不是抽象地讲述大道理，而是通过生动有趣的事例，将各行各业的精彩与魅力展现出来，让学生体验人生百态，与学生分享人生的深邃与高雅、雄伟与壮阔。

曾经担任飞行员的家长惊险迭出的空中生活，让学生懂得了在蓝天中飞翔的艰辛与不易；研究核电的家长引领学生一起感受核电的神奇与奥秘；以"我的第一本古典音乐启蒙书"为主题的讲座给学生带来了曼妙的音乐经典，让学生感受到艺术的韵味；以"生活中的物理现象""生活中的天文知识""神奇的化石""插花"等为主题的讲座让学生惊叹不已，增添了他们对未知世界的向往和好奇心，激发了他们探索世界的欲望。此外，从熟知古典文学的家长口中，学生了解了许多勉励成长的人生箴言；从在港口工作的家长的讲座中，学生了解到现代化的海洋运输方式，世界著名港口的雄伟建筑让他们惊叹不已；从做眼科医生的家长的讲座中，学生知道了用眼卫生，学会了许多实用技能；在以"我们为何需要艺术""版画的制作"为主题的讲座中，学生亲历构图、制版、上色、印染等每一个环节，每一个人都感受到了艺术的无穷魅力……

所有这些，都不是班主任一个人能够做到的。家长讲座不但使班主任的教育资源更加丰富，也让孩子们的班级生活有了更多的乐趣。现在，家长讲座已经成为我班所有孩子最期盼的一项活动。

三、组织特别颁奖，让家长和孩子互相感动

我常常请家长为孩子颁奖，这对孩子来说是一种别样的鼓励。我还定期在班级里评选"优秀家长"，并召开隆重的颁奖大会，让孩子给爸爸妈妈颁奖，这对家长来说也是一种非常好的激励方式。亲子互相颁奖能够触动双方的心灵，促进彼此间的情感交融，营造出一种和谐、温暖的氛围。

家长为孩子颁奖一般安排在每周的家长讲座之后，班级对该周评选出的各方面进步明显、表现优异的孩子进行单项或者综合表彰。家长颁奖时，会逐一点评，提出期望，并对班级提出建议，活动效果良好。

孩子为父母颁奖一般安排在每学期的期末。先由孩子为自己的家长申报"优秀家长"奖项，再由全班孩子在候选人中评选出十名在撰写家长日记、做家长讲座、参与班级活动、陪伴孩子成长等方面表现优秀的家长。自己的家长当选"优秀家长"后，孩子悄悄为他们撰写颁奖词并准备奖品。在颁奖仪式上，听着自家孩子朗读的颁奖词，看着自家孩子送上的小礼品，手捧奖状的家长常常感动得热泪盈眶……

请看两则孩子写给家长的颁奖词：

恭喜你，妈妈！你的家长讲座深受同学们喜爱，你被评为"优秀家长"。同学们都觉得你的讲座浅显易懂，事例生动有趣。现在同学们在学习时还经常用到你讲的番茄计时法。还有，同学们觉得你的声音洪亮，吐字清楚，发音也很标准，让人听着很舒服。妈妈，虽然你不是全班家长中第一个做家长讲座的，但是在我心里，你是讲得最棒的。我以后也要和你一样，大胆地走上讲台，展示最好的自己。

爸爸妈妈，恭喜你们被评为"优秀家长"。你们是我的骄傲，是我的榜样。我要向你们学习，做一个愿意付出、乐于帮助别人的人。忘不了你们每次为我忙前忙后的身影，忘不了你们在休息时为我查找资料的身影，忘不了你们积极参与班级活动的身影。爸爸妈妈，我爱你们！

四、组织家庭运动，促进孩子身心健康发展

由于种种原因，许多学生的身体素质堪忧：部分学生的体能指标呈下降趋势，超重及肥胖检出率、近视发生率呈上升趋势。

我们班级组织了各种有趣的体育运动，我还把运动扩展到孩子们的家庭中，通过在家长QQ群里宣传、评选"优秀家长"及评选"特色运动家庭"等多种方式，让家长认识到家庭运动的重要性，陪伴孩子开展一些有益于成长的运动。

家庭运动不仅加深了学生与父母的亲情，而且强健了学生的体魄，振作了学生的精神，锻炼了学生坚韧不拔的意志品质，促进了学生身心健康发展。

以下是家长写的两则锻炼记录。

今天，跳绳前女儿像平时一样紧紧地拥抱着我，同时喊着"袋鼠妈妈和宝宝一起去跳绳啦"。我们天天乐此不疲地做着这样的游戏。接着，我们一起热身，一起运动。运动是最好的休息和调整，一方面增强了体质，一方面调整了情绪，我们实在受益匪浅！

孩子，记得三年级时你参加跳绳考试一分钟只能跳三五十个，现在经过一年的练习，你已经能跳到一百八九十个了。通过这件事情，你感受到了运动的乐趣，同时也明白了"世上无难事，只要肯登攀"的道理。希望你做其他事也能够像练习跳绳一样坚持不懈。

五、表率垂范，彰显奇效

父母是孩子的第一任老师，是孩子效仿的榜样。父母的示范是对孩子最好的教育，父母对孩子的示范作用是全方位、立体化的。

据我观察，在学校里爱动手打架的孩子，家里往往有爱动手的家长；做

事三心二意的孩子，家里大多有做事不能坚持的父母。身教永远重于言传。父母应该在高尚人格、文明举止和健康生活方式等方面成为孩子的榜样。

我们班有一位有着28年烟龄的父亲，他坚持撰写家长日记。在认识到自己的不良行为对孩子的影响之后，他决定做两件事情：一是戒烟，二是陪孩子一起看书。

戒烟的过程漫长而痛苦，但是这位父亲告诉儿子："爸爸戒烟跟你改正毛病是一个道理，不是做给别人看的，而是发自内心地希望自己改正！"经过两个月有计划的戒烟行动后，这位父亲终于彻底戒烟。儿子非常高兴，说："爸爸很诚信，他说一定会戒烟，果然戒了。虽然他不时还很难受，会干呕，但爸爸挺住了！"这位父亲告诉儿子："没有香烟的日子其实很轻松，感谢你和妈妈的支持与鼓励，我改掉了28年的习惯，以后一定会坚持下去，不让尼古丁卷土重来。"

父亲坚持戒烟、陪伴儿子读书，母亲坚持陪伴孩子运动，夫妻俩抢着写家长日记，这个家庭父慈子孝，其乐融融。这种自觉坚持的意志品质、这种榜样力量是这个孩子乃至我们班级的一笔巨大财富。在父母的影响下，这个孩子做任何事情都能坚持到底，不怕挫折和失败，不断挑战和超越自我。他不仅学科成绩进步显著，跳绳居然可以连续跳"双飞"三分钟不断，这需要怎样的意志力才能做到呀！期末，四年级的他竟然战胜六年级的运动员大哥哥，以单跳、双飞全校第一名的成绩入选了学校参加区运动会的运动员名单。

实践证明，我们应该让更多的家长懂得，孩子的成长绝不仅仅是学校、老师的事情，家庭、父母的责任至关重大。正如一位家长在日记中所写："孩子不难教育，难的是我们做不到，难的是我们改不了。希望孩子成为怎样的人，其实父母首先应成为那样的人。"

>>> 郭文红·江苏省南京市芳草园小学

策略 22

用一张调查问卷迎接一年级学生家长

幼小衔接是孩子人生的重要转折点。要帮助孩子们尽快适应小学生角色，实现家校合力，班主任首先要赢得家长的理解和支持。经过一番思考，我决定通过一份调查问卷，让家长们初步理解小学教育的目的并接受正确的教育理念。问卷的主要内容如下：

1. 您希望孩子 20 年后成为什么样的人？（A. 健康、快乐、幸福的人；B. 事业有成的人；C. 有用的人才）
2. 您觉得哪个学科的学习对孩子的发展最有用？
3. 您觉得孩子在一个什么样的集体中生活学习，对成长最有利？
4. 您认为，在孩子的成长过程中，老师和家长谁对孩子的影响最大？
5. 您认为在小学阶段什么才是孩子最重要的学习内容？家长最应该培养孩子哪些方面的能力？

这份简单的调查问卷，包含了我想要告诉家长的如下教育理念。

一、关注孩子的成长，学习成绩不是最重要的

很多孩子入学前就已经上了很多辅导班，不少孩子提前学习了一年级

的课程，家长认为这就是做好了学前准备——孩子不会输在起跑线上了。家长的这种思想可能导致孩子出现很多问题。比如，一二年级时，孩子考试成绩不差，但随着年级的升高，成绩却不行了。很多家长对此感到疑惑不解，其实他们忘了成绩的好坏很大程度上是由习惯决定的。一二年级正是孩子习惯养成的关键时期，而家长只关注成绩，却忽视了孩子的习惯养成，结果后悔莫及。

在第一道题中，A选项是指孩子情商方面的培养，我认为良好的品格、积极乐观的心态是做人的根本；B选项是指技能培养，不仅包括专业技术能力，还包括人际交往能力、沟通表达能力等，这些都是决定事业能否成功的要素；C选项就是指我们平时最在意的成绩。我出这道题实际上是为了告诉家长，平时不要只把注意力放在成绩和名次上，这些对孩子来说不是最重要的，良好的习惯与情商对一个人的发展更重要。

二、关注副科，重视孩子的全面发展

学生入学后，不少家长觉得语文、数学、英语这三大主科很重要，三科老师说的话很重要，而其他学科不重要。学生不带副科的书本、材料等现象比比皆是，对此，很多家长却并不放在心上。其实这是错误的。

我想通过第二道题告诉家长，音乐、体育、美术等学科可以提升我们的素养，增加我们的人格魅力，开阔我们的视野，不比主科对我们的影响小，只不过中考、高考暂时隐藏了这些学科的作用。希望家长要教育孩子重视这些副科，尊重副科老师。因为只有全面发展，孩子才能成为优秀的人。

"一花独放不是春，百花齐放春满园。"一个好的集体的感召力、影响力是巨大的。可是一个优秀的团队是怎么来的？靠一两个尖子生能打造出一个优秀的团队吗？

我想通过第三道题告诫家长，优秀团队的构建需要大家齐心协力，需要所有成员心往一处想，劲往一处使，需要大家互相谦让、友爱，有了矛盾互相体谅，遇到困难挺身而出。家长凝聚在一起，才会使学生更加团结,而团结的集体必然会得到各科老师的认可,这个集体得到锻炼的机会就会越来越多,这个集体就会越来越优秀。

三、注重家长示范,家校齐心合力成效最大

据我了解,现在不少年轻家长还很贪玩,一些孩子是在老人身边长大的。孩子上学后,家长又把教育的任务转嫁到老师身上。吃喝有老人管,教育有老师管,家长只负责"买单"。这是很多年轻家长的想法。

我想通过第四道题告诉各位家长,父母不仅是孩子的第一任老师,而且是孩子的终身老师。家长就是孩子的一面镜子,一言一行都会影响孩子。老师的影响虽然不可忽视,但老师要面对一群学生,对每一个孩子的关注有限,同时这种影响也是有时限的。家长和老师要齐心协力,共同促进孩子健康成长。而且陪伴孩子成长也是为人父母最幸福、最有成就感、最美好的事。

四、健全人格、良好品质、卓越能力是我们追求的目标

不少教师和家长仍把眼光仅放在分数上面,这导致了一些严重的教育问题。我想通过第五道题告诉家长,学做人比学知识更重要,成人比成才更重要,让孩子健康、快乐、乐观、豁达才是我们最重要的目标。

通过问卷调查和后续的解读,绝大部分家长都认同了我的教育观念,在我宣布教育教学要求时,家长都能很快接受并积极配合,这为孩子们的健康成长做好了铺垫。

>>> 邱红·黑龙江省大庆一中附属机关小学

第三辑

将家长会变革进行到底

（策略 23）

四种新型家长会

我们在工作中摸索出四种新型家长会模式，取得了较好的效果，教师和家长的满意度普遍提高。

一、以问题探究为核心的"教育会诊型"家长会

召开这种形式的家长会前，班主任、任课老师要提供具体案例或者由家长描述实践中遇到的疑难情况，然后大家对案例进行讨论，分析原因，提出若干对策，最后筛选出最佳方案供家长实践时参考。

这种模式的家长会的优点是针对性强，家长参与的积极性高，在分析案例的过程中，家长由被动接受走向主动参与；而且，在对案例中的一些细节进行剖析时，班主任和家长往往会同心协力，提出一些解决问题的方案或者具体建议。缺点是比较费时，并且受案例的典型性和与会人员水平的制约，参会人员容易拘泥于枝节问题做一些无谓的争论，可能会出现发言偏离主题或者层次不高等问题。

这种模式的家长会不同于专家讲座、经验交流，预设的成分很少而即兴生成的内容特别多，可这些即兴生成的内容往往又是最有价值的，直接决定了会议质量的高低。因此，班主任在组织时要注意把握好以下两点。

第一，必须对家长进行分组，而且分组时要考虑家长人数，既要避免

因人数过多导致有的家长不能充分参与的情况，也要避免因人数过少而导致讨论不够充分的情况。实践表明，十个有相同需求的家长参与效果最好。

第二，班主任要结合具体情况及时对家长的讨论和发言进行调节和点拨，既不要让讨论偏离主题，也不要让个别家长独霸话语权；要把"诊断"和"开处方"的权力交给与会的所有家长，让家长充分表达自己的观点和见解，促使每位家长通过"会诊"有新的收获。

二、以互动交流为手段的"智慧分享型"家长会

这种模式的家长会以经验交流和讲座的形式进行，只不过在家长会上做经验交流的主角是家长。班主任可以安排一位或几位家长，讲授自己的一些科学育儿理念或者成功经验。

这种模式的家长会最突出的优点是发挥了同伴教育的优势，很容易赢得家长的共鸣，而且可以使家长在很短的时间内收获丰富的育儿资源，普及面比较广，比较经济实惠。缺点是其本质上还是一种单向的传递，容易造成"听听很激动，做做没行动"的现象；或者会因为孩子具有个体差异性，导致其他家长借鉴分享人的做法时效果大打折扣。

由于是由家长来交流自己的教育智慧，交流内容能否赢得与会家长的认同是家长会能否成功的重要影响因素，因此，在召开家长会前班主任要注意把握好以下两点。

第一，班主任平时要深入了解班上的每一个孩子，加强和家长的联系沟通，对所有家长的教育理念和方法要有全面而充分的了解，善于捕捉和发现家长成功和科学的教育方法，同时也要帮助家长总结、提炼育儿得失。

第二，班主任要充分调动全体家长的积极性，避免戴着有色眼镜看人，要看到每个孩子的优点，尽可能给所有家长创设平等交流的平台和机会，积极营造家长之间互帮互学的氛围。

三、以亲子活动为载体的"情感体验型"家长会

这种模式的家长会借鉴了团体心理辅导的形式,抓住了成功的家庭教育的核心——建立良好的亲子关系。班主任通过设计一系列亲子活动,为家长和孩子搭建起亲子沟通交流的平台,让家长用情境体验的方式感悟出教子良方。

这种模式的家长会的优点是过程非常温馨,轻松活泼又不失严肃。家长会现场犹如一场亲子派对,不仅形式深受家长喜爱,而且总能拨动家长的心弦,达到"润物细无声"的效果。

这种模式的家长会的效果取决于班主任设计的活动能否触动家长的情感。活动内容的设计和组织实施、背景音乐、会场布置、灯光等环境的渲染,以及参与者是否充分、及时表达(反馈)感受等都会对家长会的效果产生较大影响。

四、以理念引领为指向的"认知澄清型"家长会

这种模式的家长会通常围绕一个主题,以访谈、论坛、辩论等形式进行。一般情况下,班主任是主持人,而参与的家长通常都有自己的观点,大家在讨论时会产生思维的碰撞。

一般来说,这种形式的家长会最好采用开放式讨论的方式,主要发言人在前面就座,其他与会家长坐在台下,可以随时参与台上的讨论。但要取得理想的效果,班主任的教育理论素养、现场调控能力和家长表达观点的能力等均是关键因素。

这种模式的家长会显然理论含量比较高,对组织者的理论素养要求也比较高,因此,教师要注意以下三点。

第一,会前要围绕家长会的主题进行认真系统的理论学习。

第二,理论与实践的结合要相得益彰,避免用理论空洞说教,影响家长会的效果。

第三，最好能有专家参与，专家的现场指导犹如画龙点睛，能真正起到澄清认知的作用。

从实践反馈来看，这四种新型家长会受到了教师、学生、家长的普遍欢迎。

>>> 俞洪萍·浙江省杭州市下城区教育局德育研究室

> 策略 24

"爸气十足"亲子会

学生升入初二后,如何帮助他们顺利度过青春期?面对父亲缺位的家庭教育,我们该如何唤醒爸爸们的教育意识?在全员家访结束后,我精心策划了一次由爸爸们参加的亲子会——"爸气十足"亲子会。

一、自编自导小品《坏爸爸·好爸爸》

我组织这次亲子会的主要目的是让爸爸们受到教育和启发。因此,组织亲子会之前我对班里的学生进行了调查:"最讨厌爸爸的哪些行为?"没想到学生的答案如出一辙,排在首位的是醉酒,其次是懒散,最后是唠叨。针对这一调查结果,我编排了一个小品《坏爸爸·好爸爸》。

第一幕:深夜11点,醉酒的爸爸回家后各种耍酒疯,各种胡言乱语,一旁是无奈的妈妈和无助的孩子。

第二幕:周末的早晨,阳光明媚,懒散的爸爸呼呼大睡,对孩子提出的外出游玩的请求置之不理。

第三幕:考试失利的女儿垂头丧气地回到家中,爸爸严厉地斥责了女儿。

这时,孩子们唉声叹气地说:"醉酒的老爸,懒散的老爸,唠叨的老爸,我们都不喜欢!"

接下来,转换场景。

第一幕：下午6点多，爸爸回到家中后，与儿子愉快地聊天，和妻子一起在厨房中准备晚饭。

第二幕：周末的早晨，爸爸起床后告诉孩子快做作业，下午一家人要去郊游。

第三幕：看到因成绩不佳而失落的女儿，爸爸先是开玩笑哄女儿开心，之后再和女儿一起分析原因。

这时，孩子们深情地说："生活中呵护，成长中陪伴，失败时鼓励，这才是我们心目中最好的老爸！"

在小品演出过程中，开始时还有几位爸爸哈哈大笑，但随着场景的转变，教室里安静下来，当孩子们深情的声音响起时，有几位爸爸居然在用手抹眼角的泪水。

小品结束后，学生随机采访了几位爸爸。有的爸爸说自己"做得真不够，今后一定注意"；有的爸爸说"演得确实有自己的影子"；还有的爸爸激动地说："没想到孩子这么快就长大了，说得真好！"

接下来轮到我总结发言。我先帮大家算了笔账：上学期班里也举办过一次妈妈们参加的亲子会，除了一位妈妈要在家照顾刚出生的婴儿外，无一人缺席；而今天的爸爸亲子会，我已收到10条请假短信，还有没请假也没来的家长，到场的爸爸只有三分之二。所有的请假理由只有一个字——"忙"。

我只对爸爸们提了三个要求：陪伴，尊重，交流。第一，陪伴。再忙也要抽出时间组织家庭活动，工作可以慢慢做，孩子的成长却不等人。第二，尊重。既要尊重孩子，也要尊重孩子的妈妈。家庭幸福只需要一个条件——爸爸爱妈妈。第三，交流。家长要常与孩子交谈，聊孩子感兴趣的各种话题，并及时加以引导。

二、亲子互动，寻找最有默契的父子

接下来是亲子互动环节。

爸爸面对屏幕，孩子背对屏幕，爸爸用肢体动作将屏幕上的词语演给孩子看，孩子根据提示说出这一词语。这真是考验默契度的好活动，有的父子十分默契，孩子很快猜出答案；有的爸爸使出浑身解数，孩子还是不明就里，最后同学们实在忍不住大声喊出了答案，才化解了这位爸爸的尴尬。

我心里很清楚，这些默契度极低的父子在家时也极少交流。我想，这些爸爸应该能从这个小活动中找到自己的问题。

三、盛装出镜，秀出真我风采

我一直是个有些古板的老师，认为学生只要进校门就应该穿校服，但是今天应孩子们的要求，我允许他们穿便装演出。没想到这些爱"臭美"的小家伙居然穿来了各种演出服，艳丽又不失天真，时尚又有青春气息。慧慧和小泽倾情演奏了古筝和双排键电子琴，优美的旋律让大家陶醉其中；令人捧腹的相声《聊学习》和小品《上课》，把爸爸们带回了学生时代；三位青春美少女的舞蹈令大家眼前一亮；三位女孩儿的诗朗诵声情并茂，她们说完最后一句"爸爸我爱您"后，全体孩子起立齐唱歌曲《父亲》。此刻，爸爸们的掌声响起，有些爸爸的眼角滑过几滴泪珠。

歌曲结束后，孩子们拿出事先准备好的卡片送到爸爸手里，爸爸们惊喜不已，一个个拉着孩子的手不愿松开。

四、榜样示范，爸爸开讲

我在家访中发现了一位堪称模范的爸爸，那就是涵涵的爸爸。他温和细心，善于调解妻子和孩子的关系，积极承担各种家务，喜欢读书、品茶，为人幽默，有爱心。我在一周前安排他写写自己的做法并在今天和家长们交流，我并没有要求他怎样写，但他居然和我想到了一处。他在交流时也提到了陪伴、呵护、交流。他举了生活中的一些小例子。由于家里亲戚不多，孩子相当寂寞。孩子提出想养一只狗，父亲虽然从小怕狗，但为了孩子，他战胜恐惧，不仅答应养狗，还承担了每天遛狗的任务。当孩子和妈妈产生矛盾时,他首先站在妻子一边教育孩子,稍后还要逗孩子开心,平复妻子的情绪,让教育恰到好处。他照顾孩子的生活,在外面吃到好吃的菜,回家后就会琢磨做给家人吃;假期安排外出旅游,全程记录孩子的游玩过程。

孩子们听后羡慕不已,都说"涵涵一定是拯救过银河系,才会遇到这么好的爸爸"。我接过话茬儿:"相信今天到场的爸爸听完后一定会向涵涵的爸爸学习,大家都会拥有一个极品老爸!"

五、关注细节,回放暖心镜头

策划亲子会之初,我特别留意到班里几个特殊家庭的孩子,做了特殊保护。小辰和小豪的爸爸都病逝了,我先给两位妈妈发了短信征求意见。她们都很通情达理,觉得不能因为个别孩子让大家错过这样一次机会。但是怎样让这两个孩子既能参加亲子会又不会受到伤害呢?我想到这样一个办法:分给两个孩子主持和表演的任务,让他们忙起来,他们就不会想太多了。小辰当天穿得很漂亮,红裙子白衬衫,朗诵诗时热情洋溢;小豪也很帅气,表演的小品非常搞笑,两人的脸上一直挂着笑容。

在给爸爸送卡片的环节中,小坤因为平时一直住在姥姥家,没想到爸爸会来,所以没准备卡片。我快速走到小坤面前,告诉他:"没卡片不要紧,过去拥抱一下爸爸吧。"小坤懂事地走了过去,爸爸一把把孩子搂到怀里,很长时间都没有松开,一米八几的男子汉不停地用手擦眼泪。我想,此刻不管大人之间有什么样的矛盾,这对父子都感受到了亲情的温暖。

回到家后,我的手机短信提示音一直到深夜都没有停,有爸爸们发来的短信,也有妈妈们发来的短信。大家都感触良多,认为在这次亲子会中自己不仅收获了快乐,还收获了启发和感动。我知道,一座心与心之间的桥梁已经搭建起来了……

> 策略 25

组织分层式家长会,"按需"辅导家长

每次开家长会总有一些家长借故缺席。这不,小钱的父亲又以"我家孩子的学习成绩很好"为由,不准备来开家长会了;而小戴的父亲则以"我家孩子的成绩太差,来开家长会既没用还丢人"为由,要缺席家长会。

怎样才能让家长们喜欢参加家长会呢?我苦苦思索着。忽然,我脑中闪过一个念头:何不按照学生的学习情况分批召开家长会呢?

第二天上午,我在班里宣布:"同学们,这次家长会我们将分批进行,本周六先开两场家长会,具体安排如下……"

一、学困生家长会:给孩子找优点

周六上午 8 点整,5 位学困生的家长如约而至。在舒缓的音乐声中,我请他们先填写问卷调查表。之后,我用多媒体播放了问卷中的题目:

- 你的孩子最大的优点是什么?
- 你的孩子最大的缺点是什么?

也许是因为没有了学优生家长在无形中施加的压力,这些家长热烈地交谈起来。5 分钟后,我请家长自由发言。小戴的父亲第一个发言,他说:

"我家孩子没有什么优点,缺点倒有很多,尤其喜欢看电视……"他的话引起了其他家长的共鸣,他们也纷纷表示:"平时不让孩子做任何家务,只叫他一心读书,结果书还读不好,哪有什么优点啊!"

看着5位家长不住地唉声叹气,我不慌不忙地说:"上个学期,小戴同学因为拾金不昧,受到学校表彰。下面就请小戴的父亲给我们说说这件事,好吗?"在我和4位家长响亮的掌声中,小戴的父亲愉快地讲述了儿子拾到78元钱后,主动寻找失主的事。接着,我又补充了一些小戴在班级值日时积极肯干、任劳任怨的事例。

听了小戴的父亲和我的介绍,在场的几位家长都很振奋,也开始寻找自己孩子的优点。不一会儿,家长们就滔滔不绝地讲起来:小陈的父亲发现孩子每天早晨都能准时起床,从不让家长提醒;小孙的父亲发现孩子动手能力很强,虽然才上七年级,已会修理家里的电线开关及电灯……

一个半小时很快就过去了,家长们仍意犹未尽。小戴的父亲临走时说:"谢谢您,刘老师,我明白该怎样教育孩子了。"这让我对开好下一场家长会多了点儿自信。

二、学优生家长会:抓好孩子的品德养成

在学优生家长会上,我进行了同样的问卷调查。在了解了家长们的看法后,我便请家长阅读《从清华学生用硫酸泼黑熊看学生的品德教育》和《〈射雕英雄传〉中郭靖与杨康的成长经历给我们的教育启示》两篇文章,然后和家长展开了热烈的讨论。我们最后达成共识:孩子的品德教育不能放松,否则即使孩子成才了,也是一个歪才。

接着,我又用多媒体展示了在班里发生的几个真实案例。

午饭后,大家都在写作业,尖子生甲写完后就开始在教室里乱跑。值日老师发现教室里的垃圾箱满了,叫他去倒一下,甲以"今天不是我值日"为由拒绝了。

乙同学成绩一向很好，脑筋也转得快。不管谁请他做点儿事，他都要和对方谈条件，常常弄得老师和同学很尴尬。于是，同学们都尽量避免和他打交道。

……

家长们认真地看着，我在一旁察言观色。慢慢地，小钱父亲的脸色有点儿不太好看了，小王父亲的情绪有点儿激动了……我看火候差不多了，便请他们交流看法。家长们踊跃发言，表达了要帮助孩子养成良好品行的意愿。小钱的父亲说："我家孩子平时在家里做什么事都要讲条件，到学校还是这样。我必须要重视这个问题了。否则，他长大后连最基本的友善、互助都做不到，还怎么在社会上立足？刘老师，谢谢您！以后这样的家长会我还要参加。"

……

三、组织分层式家长会的启示

开家长会本来是让我伤透了脑筋的难题，没想到分层召开家长会却取得了出人意料的效果。

通过这两次家长会，我得到了如下启示。

1. 家长的问题需要分层解决

很多学优生家长的问题是只关注孩子的学习成绩，其他方面任其发展，这样很可能导致孩子畸形发展；而很多学困生家长的问题是因为孩子学习成绩差，就失去信心，对孩子不管不问，进而伤害学困生的自尊心，影响孩子的终身发展。为了照顾全体学生，常规家长会常常要面面俱到，这样就很难突出需要解决的重点问题，其效果自然大打折扣。而分层式家长会可以克服"重点不突出"的问题。

2. 家长需要得到交流机会

每次开家长会我都有这样的感觉：学优生家长常常滔滔不绝，问得多，说得也多；学困生家长出于自卑心理，往往很少说话，几乎不与教师和其他家长交流。分层式家长会将具有相同问题的学生家长聚到一起，家长有更多的共同语言，也敢于说出自己真实的想法。这样的家长会才真正起到了促进家校合作的作用。

>>> 刘萍·上海市嘉定区娄塘学校

策略 26

自我评价式家长会

发放召开家长会的通知后，几个学生很紧张地问我："老师，家长会上可不可以别骂我们啊？"（我们班的成绩全年级最差，但学生整体还比较单纯）我的心就像被针刺了一下，我愣在那儿，茫然地问道："我为什么要骂你们啊？"学生回答说："以前每次开家长会，老师都会说我们哪里表现得不好，然后我们回家就会被骂……"另一个学生说："我妈都不想来参加了，她说我考得那么烂，她都不好意思来了……"

学生的话让我陷入了深思：从什么时候开始，家长会成了孩子和家长眼中的"例行批斗会"？家长会本应该是为班主任和家长之间架起桥梁、发挥双方优势的"连心会"呀！

考虑再三，我决定将这一次家长会设计成"自我评价式家长会"。

在科任教师分析完学生的成绩及学习方法后，我最后一个走上讲台，说："感谢各位给我这个后生晚辈面子，坚持等到我出场。"一句话让大家都笑了出来，一下午持续"被说教"的严肃气氛也渐渐消退。我接着说："大家一大早起来去上班，下午还要赶过来听我们这些老师念叨，一定觉得很累了吧？脑子是不是有点儿晕？想想我们的孩子一整天都坐在这儿，会是什么感觉？换位思考可以让我们更加贴近孩子的心，了解他们的情绪和行为模式。如果您不了解自己的孩子，就不能理解孩子行为背后的真实想法；如果您不理解孩子，孩子又怎么会理解您的良苦用心呢？"讲到这儿，我看到很多家长陷入了沉思。

于是，我请家长们拿出纸和笔，回答以下 10 个问题。

1. 您每周与孩子一起吃饭是否超过 4 次（住宿生家长是否跟孩子打电话或以其他方式交谈超过 3 次）？
2. 您每周是否至少有一次从作业完成的认真程度及效率等方面查看孩子的作业情况？
3. 您是否清楚孩子的交际圈，是否知道孩子最好的朋友的性格、家庭情况、联系方式？
4. 您是否清楚孩子恋爱、追星等方面的情况？这些事孩子是否会主动告诉您？
5. 您是否与孩子谈过自己的求学、恋爱经历？
6. 孩子有烦恼时会不会主动找您聊？
7. 孩子没考好时，您是否耐心地帮孩子分析？
8. 您是否清楚孩子平时最喜欢的娱乐活动和喜欢去的娱乐场合？
9. 孩子是否有自己的目标？
10. 孩子的目标是不是在家长的协助下自主制定的？

我告诉家长，这 10 个问题中，有 5 道题的答案为"是"，则表明家长对自己的孩子有一定的了解；有 7 道题的答案为"是"，则表明家长较能理解孩子的行为和思想；有 9 道题的答案为"是"，则表明家长跟孩子的沟通非常好，其经验值得其他家长借鉴。

看着家长们都在认真地记录和思考，我趁热打铁，向家长们提出一个请求：放下家长的架子，静静地观察自己的孩子，设身处地理解孩子，平等、平和地与孩子交流，用理解换来理解，以心灵赢得心灵，支持孩子的梦想，帮助孩子确立一个可行的学习目标，甚至是人生目标！

会后，家长们争相与我交流，甚至有家长回去之后打电话告诉我，他第一次感觉到家长会也可以那么让人感动，并希望以后能有更多这样交流探讨的机会。

家长们的反应就像一针强心剂,激励着我继续努力改进工作,也让我深刻地意识到:教育如人生,换一种思想,换一种态度,就会有意想不到的结果!

>>> 陈琛·广东华侨中学

策略 27

家长会，让教师和家长朝着同一个方向眺望

家长会是学校与家庭相互沟通、联系的重要途径。家长会成功与否不仅关乎学校教育的效率，更可能直接影响学生在家庭中的生活状态。因此，开好家长会是我们每一位教育工作者的重要工作。下面我结合自身的教育实践，谈一谈我对家长会的认识。

一、让家长会成为谈心会

若家长可以放松地坐在一起，毫无拘束地畅谈自己对孩子教育问题的认识和理解，我们的家长会便成功了一大半。感人心者，莫先乎情。我们要通过努力，消除家长的疏离感、焦虑不安甚至敌对的情绪，营造温馨和谐的谈心氛围，进而使家长敞开心扉，畅所欲言。开家长会时，我会将教室内的座椅围成圆形，并准备一些水果和饮用水。大家团坐在一起，没有高下之分，不为指责与辩解，而是为了同样的目的——聆听彼此的心声。

二、让家长会成为帮家长减压的变压器

可以说，孩子的教育早已成为无数家长心目中的"天字第一号工程"。为了孩子，家长任何苦都能吃、任何罪都能受、任何代价都愿意付出。空前的关注背后是空前的心理压力。因此，帮家长减压，引导家长树立科学

的教育观应是家长会的首要任务。每一次家长会，我都将帮家长减压作为一项重点工作。以最近一次家长会为例，我请大家畅谈自己对"中国有些父母的教育比歼-20制空战斗机更可怕"这句话的理解。大家或引经据典，或结合实例，或谈起身边甚至自己身上发生的故事。经过深入的探讨后，每个人都认识到"透支孩子的童年"的可悲可叹，进而认识到，孩子之间是有差异的，孩子的成长是分阶段的，我们为人师、为人父母者要让孩子度过一个充实快乐的童年。"千金散尽还复来"，但孩子的童年永远只有一次！

三、让家长会成为帮家长鼓劲的加油站

没有哪位家长不想科学地养育自己的孩子，也没有哪位家长不希望自己的孩子健康快乐地成长，但是由于教育具有一定的专业性和孩子具有个体差异，很多家长都苦于找不到教育孩子的正确方法，从而导致了众多"孩子无辜、家长无奈"的现象发生。因此，家长会更应该是家长们的鼓劲会、加油会。我从两个角度切入：一是对家长进行精神上的鼓舞，让他们不孤独、有希望，给聪明者以智慧、让柔弱者变得更坚强。二是从理论层面引领家长，让家长在家庭教育中有方可循、有据可依。我除了开设专题讲座外，还通过复印材料、推荐阅读书目或网络文章等多种形式普及家庭教育知识。每次在报刊上看到适合家长阅读的教育专题，我都会及时复印保存，然后根据学生的年龄特点和在教学中发现的问题有选择性地在家长会上发给家长，并和他们共同学习。

总之，家长会不是针对一部分人的批斗会、训话会，也不是面向另一部分人的表扬会、庆功会。我们要将每一个孩子、每一位家长放在平等的位置上，播种梦想，点燃希望，积蓄激情，营造更加和谐的成长环境，为孩子们健康快乐地成长保驾护航！

>>> 路岩·山东省肥城市白云山小学

策略 28

将家长会变革进行到底

家长会是家校联系的传统项目,但是长期以来,这种联系往往是单向的——学校发通知,家长来参加;教师讲要求,家长勤记录。这样的家长会过于传统,缺乏创新;单向交流,缺少互动;内容有局限性,不够全面。久而久之,家长参加家长会成了例行公事,除了自己孩子的学习成绩外,对什么都不感兴趣,家长会丧失了作为家校联系与沟通平台的功能。

因此,我们需要变革家长会,形成家长会新模式,使其满足当今教育的需要。

一、变革从会前开始

1. 充满温情的家长会邀请信

以往的家长会通知单往往只是交代开家长会的目的、时间、地点,特别强调家长务必准时参加,没有半点儿商量的余地,家长只能服从。我认为,家长会通知单应更注重沟通,将通知单变成邀请信,会让家长感觉更温暖。以下是我的两封邀请信。

邀请信一(新学年初):

尊敬的家长朋友,您好!您的孩子升入新的年级后,有什么变化吗?

他们适应新老师吗？欢迎您本周四下午来学校里坐坐，看看孩子们的表现，与老师和其他家长谈谈您的困惑、教育体会及家教经验。

邀请信二（期末考试后）：

尊敬的家长朋友，您好！期末考试刚刚结束，您一定十分关注孩子的成绩和在学校里的学习生活情况。孩子长大了，肯定会有与以往不同的表现，您可能也会有问题想跟别人交流。请您于本周三光临学校，参加我们为您组织的座谈会，希望您能与大家分享宝贵的教子经验。

这两封焕然一新的家长会邀请信带着几缕温暖，透着几分体贴，把学校和老师真正摆在了帮助学生、服务家长的位置上。收到这样的邀请信后，家长和学生可能对老师多几分感激与敬意。

2. 把调查研究工作做在前面

班主任有必要在会前做一些调查研究工作，以确定家长会的主题。调查大致可分为两个方面：一方面是了解、研究学生的情况，包括学生的思想动态、日常表现以及各科成绩等，以便针对不同类别的学生拟定不同的教育对策；另一方面是了解、研究家长的情况。我接手一个五年级班后，发现家长们普遍不大重视孩子的教育，并且大多采取放任自流或暴力解决问题的方式来管教孩子。为了改变这种现状，我提早布置学生写周记，周记的主题是"我心目中理想的爸爸妈妈"。之后，我向家长发放调查问卷，问卷内容如下：

尊敬的家长朋友，您好！教育孩子是我们共同的责任，孩子健康成长是我们共同的心愿，为了孩子美好的明天，请您参与调查！
谢谢！

调查问卷

班级_____   学生姓名_____

1. 您教育孩子最成功、体会最深或比较棘手的一点是什么?
2. 您对孩子的希望是什么?
3. 您觉得一个负责任的家长应该是怎样的?
4. 您了解自己的孩子吗?您认为他(她)是个怎样的孩子?
5. 您对语文、数学作业有什么看法和建议吗?
6. 您对目前的教育有什么建议吗?

调查问卷可以帮助我们更深入、更全面地了解家长在家庭教育上的态度和能力,让我们确定合适的家长会主题,从而使家长会做到有的放矢。

3. 精心布置教室

可以说,家长会是家长较为全面地了解孩子在校生活的主要窗口,接待家长的教室自然应该精心布置,而非仅仅将教室打扫干净、在黑板上写上"欢迎您,家长"这么简单。我们可以在桌子上摆好孩子们展示自身学习风采的各种作业本(教师规定和学生自选相结合),在教室四周的墙上贴上优秀习作、书法和绘画作品等。

4. 改变座位排列方式

在传统的家长会上,家长往往要中规中矩地坐在孩子的座位上,一两个小时下来,腰酸腿疼不说,根本没有机会向其他家长"取经"。我们把讲台搬走,把座位围成一个圆圈或分成几个小组,以拉近家长之间、家长与教师之间的距离,确保了互动的畅通。

二、变革在会中升华

家长会的形式应该是多种多样的。班主任应有意识地把时间和空间让给家长和学生，让他们成为家长会的主角，这样家长们才有机会全面了解学生的情况、倾听其他家长的教子经验与困惑、参与学校教育并评价班级的教育工作。

家长会的形式可以是集会讲座式、汇报展演式、互动交流式、"三方"会谈式、联谊式、参观游览式等，这里仅就其中四种略作阐述。

1. 互动交流式

这里的互动交流，包括两个部分的内容：一是家校在教学方面的互动。例如，"教学开放日"是最受家长欢迎的，他们可以在这一天走进教室，了解学校教育和学生学习的真实情况。"分科教学互动"活动，家长也喜闻乐见，他们可以获得直接、具体的经验。这两项活动可以每学期举行一次，形成制度。二是家校在教育理念等方面的互动。例如，班主任可以组织家教沙龙、家庭教育论坛等，将优秀家长的家教经验在班级、学校里进行推广。

2. "三方"会谈式

我曾召开过一次"三方"会谈式家长会。学生借家长会的平台，把在家里不敢说或没有机会说的话说了出来。在这种形式的家长会中，学生和家长是真正平等的，双方的交流是坦诚的。班主任在融洽的气氛中将家长引到教育孩子的正确方向上来，从而促进学生全面和谐地发展。

3. 联谊式

联谊式家长会通常有一个开放式主题，班主任通过组织学生进行才艺表演等方式，营造和谐欢快的气氛，增进彼此的感情。例如，我们可以组织家长参加以"感谢父母"为主题的家长会，让学生通过展示手抄报、讲故事、诗歌朗诵等活动，把对父母的感激写出来、说出来。这种形式的活动往往能使家长和学生的内心都深受触动，产生良好的教育效果。

4.参观游览式

参观游览式家长会指家长在学生的陪同下参观学校或外出参观。班主任可以借机展示优美温馨的班级文化环境，让家长感到自己孩子学习的环境是舒适、快乐的，生活的集体是有追求、积极上进的。有的班级会为每个家长准备一个礼物袋，里边装有学生一个学期中最满意的一本作业本、一篇作文、一个手工艺品，学生对家长与老师说的心里话和合理化建议，以及一张学生自我评价表，旁边附有老师的参考意见，同时家长也要填写意见回执。

三、变革在会后深化

家长会应该是一个能激励学生奋发、家长思考、老师探索的省略号。因此，班主任可以给各位家长印发《家长会意见反馈表》，请家长们在会后认真、如实地填写，让家长会更具实效。

家长会意见反馈表

尊敬的家长朋友，您好！感谢您参加我校的家长会，为了把我校打造成孩子们成长的摇篮，让您的孩子享受到更优质的教育，我们真诚地希望您提出宝贵的意见和建议。

1. 您对本次家长会是否满意（   ）

　A.很满意　　　B.比较满意　　　　C.一般

　D.不满意　　　E.很不满意

2. 您对自己孩子近期的表现感觉（   ）

　A.很满意　　　B.比较满意　　　　C.一般

　D.不满意　　　E.很不满意

3. 您认为目前最需要培养孩子的（　　　）

A. 学习能力　　　B. 关爱能力　　C. 诚信品质

D. 心理素质　　　E. 理财能力

4. 您认为学校在学生管理方面做得（　　　）

A. 很好　　　　B. 较好　　　　C. 一般　　　　D. 不太好

5. 您希望在以后的家长开放日中看到什么内容？

_____

6. 您对学校的意见和建议是：

（1）_____

（2）_____

7. 你想对_____老师说：_____

_____

_____

　　感谢您对本次调查活动的支持与配合！我们将结合您提出的宝贵意见和建议，认真反思并不断改进我们的工作。让学校与家庭结成亲密的伙伴，携手共进，为了孩子的健康发展共同努力！

　　班主任要注意汇总和分析家长的建议，及时反馈给学校或相关教师，以便学校相关人员采取切实措施，改进工作，全面提高学校的教育水平和教育质量。

　　另外，家长会后有一些家长可能想单独找班主任了解情况，但往往因时间有限而无法实现。班主任可以举行小型家长会，如学生干部家长会（指导学生学习与班级工作两不误，进一步全面提高学生的素质）、学困生家长会（指导学生改进学习方法，提高心理素质，不畏困难）、进步明显学生家长会（鼓舞干劲，指导学习方法，注重能力培养）、纪律较差的学生家长会（注重对意志、情感、兴趣、性格的培养）等，分层、分类对家长进行个别指导。

　　家长会是促进教师与家长之间相互理解、信任的沟通会，是教师风采、学生校园生活的展示会,是学校办学成果的宣传会,也是学生成长进步的促进会。我们必须将家长会的变革进行到底,切实提高家长会的实效,从而真正实现家校协力,共同促进学生健康发展。

>>> 苏巧丹·广东省广州市海珠区知信小学

第四辑
让家访成为教师和家长间一次温馨的相遇

策略 29

"接站"式家访

在车站或机场，我们经常会看到许多人举着写有人名的牌子接站，那些还未出站就看到接站牌的旅客，欣喜之情溢于言表。每每见此情形，我总是羡慕那些被接者，渴望自己也能有同样的礼遇。每年九月，作为教师，我会看到一批批新生入学。他们来到新的学校后，面对陌生的环境、陌生的同学、陌生的老师，除了美好的憧憬外，还流露出些许茫然与不安。我一直在思考，我应该为他们尽快适应新环境做些什么。

前不久，同事接到一个陌生人打来的电话，原来是他儿子新学校的老师要约定家访的时间。我非常赞同这种做法，并把这种家访亲切地称为"接站"式家访。

"接站"式家访在开学前进行，老师和学生及其家长首次见面，都非常重视。从学生及家长的反馈看，"接站"式家访受到普遍欢迎，具有诸多好处。

一、给学生一份安全感

紧张的毕业复习期间，学生都期盼暑假快点儿到来，但暑假真的到来后，空闲与宁静会让一些人感到难以适应。母校已经完成了教育任务，高一级学校还没有接手，这中间就留下了一段空隙，成了学校教育的真空地带。这时,"接站"式家访会让学生感受到新学校、新老师对他的关注与重视。就像旅客走到出站口时,突然看到迎接自己的"接站"牌,情感顿时有了寄托,心理上也就有了安全感。

二、给家长一份亲切感

在孩子完成一个阶段的学习后,家长便把希望寄托在下一个阶段,自然会更加关注新学校的环境、氛围、学习条件与生活条件、师资质量及管理水平等各个方面。在家长们千方百计收集相关信息时,若孩子的新老师主动前来家访,一定会让他们感到惊喜与欣慰。新老师能带来更多关于新学校的具体、形象、生动、详细的信息。家长迫切需要知道的诸多细节,也能在与班主任面对面的交谈中了解到。于是,家长对孩子未来学习与生活的新学校的模糊轮廓逐渐变得清晰起来,对新学校、新老师也会多一份亲切感。

三、给社会一份信任感

对还未进校的新生开展"接站"式家访,主动将学校教育前移,可以充分体现一所学校以生为本、关注细节的教育理念,体现学校及老师高度的事业心与社会责任感。学校的这种做法,必然会感动受访家长及其亲朋好友,并通过家长的口耳相传,将好名声迅速传播到学生所在社区甚至更远的地方,赢得良好的社会声誉。

四、给教师一份责任感

拿到新生名单后,教师的眼里看到的是一页白纸黑字、一个个陌生的名字、一群隐约模糊的身影,不会有多少情感上的牵挂。但家访后,那些名字就不只是符号,而成了有血有肉的人,成了调皮可爱的男孩儿,成了天真活泼的少女，成了山村农民的骄傲，成了贫困家庭的希望。他们的生活背景、家庭文化，他们门前崎岖的山路，他们屋后的清清溪水，连同他们的性格、习惯、理想、期望等，都会一起渗进教师的心中。如此一来，进行家访的教师便把未来的学生装在了心里。

当然，"接站"式家访，不是每所学校、每个教师都有条件做的。但在生源比较集中的区域，我们不妨一试，因为它可以让我们的学校教育走出围墙。

>>> 徐德培·江苏省扬州市江都区国际学校

策略 30

家访十忌

家访是让学校教育与家庭教育产生互动、共振的有效方式。为使家访更科学,效果更显著,班主任应避免以下十种做法。

一忌突击式家访。班主任家访应做到有准备、有计划。突击式家访达不到互通消息、相互配合、共同教育好学生的目的。每个家庭都有各自的工作安排和生活节奏。家访之前,班主任最好与家长约定时间,并根据学生和家长的实际情况,结合家访的具体目的,拟定好谈话内容和方式。

二忌告状。班主任家访应重在找原因、想对策。班主任要从善良的愿望出发,与家长一起分析学生的缺点、错误产生的原因,探讨补救的方法和措施。不能只想着告状,不能不注意分寸、添油加醋,一切都应实事求是,否则就容易失去家长及学生的信任和尊敬,工作将会更难做。

三忌唯分数论。家访的一项重要内容是与家长谈论学生的学习情况,但班主任不能以分数论英雄。面对学习成绩差的学生,班主任家访时应着重弄清学生在家里的学习态度、完成作业的情况及有无外界因素干扰等,以引导学生排除非智力因素的障碍,促使其养成良好的学习习惯。同时,班主任要向家长全面反映学生的情况,包括优点、缺点和进步情况等,并指出学生的努力方向。

四忌与家长起冲突。在家访中,有些家长指责学校、指责班主任甚至与班主任发生争吵。遇到这种情况,班主任一定要头脑冷静,正确对待,切勿与家长直接发生冲突。

五忌推卸责任。个别学生学业成绩不佳、表现不好甚至犯了严重错误，班主任在进行家访时，不能一味责难或归咎于家长，要尊重家长的人格，以平等的态度、合作者的身份与家长促膝恳谈，促使学生转化。

六忌唱独角戏。家访是班主任与家长交流思想、互通信息的桥梁。如果班主任自己滔滔不绝，家长只是洗耳恭听，那么班主任就无法了解学生在家庭中的信息和家长的意见，家访就失去了真正的意义。所以家访时，班主任既要实事求是地向家长反映学生的在校情况，又要认真听取家长的意见，与家长共同探讨教育孩子的方式方法。有时也可以让孩子参与其中，不仅要让孩子倾听，也要让孩子发言、倾诉和辩解。

七忌以教谋私。班主任家访应该是为了孩子更好地成长，班主任不能假借家访去办私事，以教谋私。

八忌做食客。家访是班主任的本职工作，是学校教育的延伸和补充。班主任不能借家访去学生的家中吃吃喝喝。家访的时间安排要科学，要避开就餐时间。

九忌过于随意。家访时，班主任的衣帽要整齐；不能随意参观，但可以要求看看学生的房间，以便深入了解学生；要不卑不亢、平和自然，不要说出"你们家真豪华"或"真想不到你们这么困难"等话语。要让学生及其家长知道，无论学生的家庭是显赫还是贫困，学生在班主任面前都是平等的。

十忌"过江丢"。家访不是为了完成任务，而是为了更好地教育学生。因此家访后班主任要及时记录，以便总结经验和教训。一方面，要综合分析被访学生的在家表现与在校表现，以便找到合适的方法，开展有针对性的教育；另一方面，可以以点带面，将方法推广到对全班类似学生的教育上。

>>> 贾相忠·山东省枣庄市立新小学

策略 31

进行差异性家访

家访给我的工作带来很大帮助,在此我想与大家分享几个在不同学段针对不同类别的学生进行差异性家访的故事。

一、针对"问题学生"——班主任单独家访

那年,我接手了一个六年级班。前任班主任说,这个班级"问题学生"较多,有学生喜欢拿别人的东西,有学生经常在课堂上调皮捣蛋,有学生既不读书也不写作业……为了让工作更加有的放矢,开学后第二周,我决定对学生进行家访。

这天,借着上班会课的机会,我对孩子们说:"同学们和老师都是好朋友,你们愿意老师去你们家里做客吗?"之所以用"做客"一词,是不想给他们带来压力。结果不出所料,绝大多数学生都高高举起小手,喊"老师,去我家"。我赶紧借题发挥,说道:"每个同学的家老师都想去,可是先去哪个同学的家,老师也没主意。不如这样,我们每天评出一两位表现最好、进步最大的同学,老师先去他们家里做客,好不好?"孩子们一致通过了我的提议,脸上都露出了甜甜的笑容。这时,我把眼光投向我们班那个喜欢拿别人东西的孩子。我走到他面前,高声说道:"听说你在家里经常搞小发明、小制作,老师能去看看吗?"话音刚落,孩子们都把羡慕的

目光投向了他。他很不好意思地点点头，答应了我的请求。

放学后，我和他一起步行去他家。路上，我轻声地问他："你希望老师和你妈妈聊些什么呢？"他低着头，沉默了许久，说了句："老师，请您不要和我妈妈说我拿同学的东西，好吗？她肯定会打我的。"我微笑着点点头，又问道："拿别人的东西，有什么不好呢？"尽管他还是低头不语，但我知道自己的目的达到了，他已经开始反省自己的行为了。我来到他家后，他的母亲很吃惊，连忙问我孩子是不是在学校里闹事了。我笑着告诉她，我只是过来看看孩子制作的小玩具。孩子的母亲一脸的惊愕，随后就打开了话匣子，将孩子在家里的不良表现一一说了出来。我耐心地听着，把重要事件记了下来。孩子的母亲问我孩子在学校的表现时，孩子紧张地望着我，我笑着将孩子在学校里表现出色的地方一一告诉了家长。末了，我看着孩子的眼睛说了一句意味深长的话："每个人都有做得不够好的地方，都有一些不太好的习惯，老师也有，我们一起努力改正，好吗？"随后，我拿出事先准备好的笔记本送给孩子，希望他在以后的学习生活中，将自己每天做得最好的一件事和没有做好的那件事记录下来，以时时提醒自己。

周一，我在自己的语文书里看到了他写的一封短信，他信心十足地告诉我："老师，以后我再也不会偷别人的东西了，您一定要相信我！"简短的几句话，让我看到了孩子的决心和对我的信任，而这个收获仅仅源于一次短暂的家访。

二、针对偏科学生 —— 与任课老师一起家访

进入七年级后，随着科目数量的增加，有些学生开始吃不消，出现了偏科情况。针对这种现象，我与各科老师共同拟定了一个家访计划。期中考试后，我便与教数学的葛老师一起去了几个数学成绩不理想的学生家里，向家长们介绍具体的学习方法，比如，使用错题本、制订目标计划、重复测试等。到达黄某家时，刚好她正为一道数学题犯难，葛老师便立即

进行了指导。家长也在一旁认真地听着，不住地点头。这就实现了我们家访的目的——家校合作，携手前行。

另外，我发现班里有些学生虽然看上去很健康，但很容易生病，运动起来也很吃力，明显缺少体能锻炼。于是，我决定利用双休日和教体育的赵老师对这些学生进行家访。第一次跟班主任去家访，赵老师觉得很无措、很紧张、很难插上话，但很快他就找到了感觉。在进入第二个家庭后，他首先询问了孩子的身体状况，然后建议孩子回家后通过跳绳、打羽毛球等活动来增强体质。接下来的几次家访，赵老师更加应对自如，他和家长促膝谈心，建议家长在生活中锻炼孩子，例如，让孩子多爬爬楼梯，多帮家人干干家务，以提高孩子的运动能力，激发其运动兴趣。让我感到欣慰的是，通过交流、指导，家长最后都能帮助孩子找到体育锻炼的兴趣所在。

三、针对懒惰学生 —— 与班干部一起家访

八年级学习科目数量较多，我发现越来越多的学生开始变得懒散，特别是双休日的作业质量很差，班干部和课代表纷纷向我反映有几个同学总是交不齐作业。怎么办呢？我想到了家访，并且决定和班干部一起去家访。周六，我开车带着班长和学习委员先来到王某的家里，他的妈妈热情地接待了我们。我问："王某双休日在家表现怎么样？"他妈妈说："就是太爱看电视了。"我对王某说："每天看电视不能超过半小时啊！这点你得向学习委员学习，她在自己的卧室里还张贴了双休日的学习计划表呢！"说完，我让学习委员拿出她事先准备好的学习计划表给王某和他的妈妈看。然后，我们又一起帮王某拟定了学习计划，并要求他的妈妈帮忙监督。王某满口答应以后会按照计划保质保量完成作业。

接着，我们又去了几个学生的家里，也有很大收获。这些学生都表示要以班干部为榜样，家长也非常认同我的这种家访方式，希望我经常带着班干部去家里做客。

接下来的几周，这些学生真的改变了很多，他们变得更加勤奋，还主动帮助班干部管理班级。看来榜样的力量还真不小。

四、针对优秀学生 —— 与在读大学生一起家访

进入九年级后，班上大部分学生都对自己的人生有了比较全面的规划，有人甚至连将来上什么样的大学都想好了。为了激励学生实现自己的目标，我事先和我教过的现在正读大学的三个学生约好在寒假中一起对现在的学生进行家访。家访的目的主要是检查学生的作业完成情况，并帮助解决学生学习中的疑难问题。另外，我让几个大学生适时讲述精彩的大学生活，以此坚定学生们的中考信心。这样做的效果也很好，特别是当他们讲到在大学里经常可以见到一些知名人士、听到一些精彩的演讲时，好多学生都露出了羡慕的眼神，都下决心一定要趁这个假期扎实复习，争取考上理想的高中，将来考上理想的大学。

学生的健康成长离不开教师与家长的密切配合。只要我们认真地观察并真诚地对待每一个孩子，思学生所思，想学生所想，我们一定会找到最适合孩子的家访方法。

>>> 王飞·湖南省浏阳市山下初级中学

策略 32

无痕的家访

我班上的男生小 D 上课时经常说话，还顶撞老师；平时自由散漫，小错不断；与社会上的不良青年有密切联系，还学会了吸烟；开学不到一周，便到外校与人打架，还立志要当"校霸"。开学两周以来，他的这些问题逐渐暴露出来。然而，我几次提出要到他家家访，都被他拒绝了，他竟然还威胁我说："去家访就准备好医药费吧！"后来，我终于与他的家长取得了联系，没想到他妈妈也推托工作忙没时间。一时间，我陷入两难的境地。

一次偶然的机会，我读到楼江红的文章《让无痕德育走进课堂》，受到很大启发：其实家访也可以是"无痕"的啊！当教育无法取得效果，受教育者又产生抵触情绪时，我们不能再摆出教育者的姿态，强行灌输道理，而应不露痕迹地渗透，让学生慢慢感受老师对他的关爱和宽容。于是，我对小 D 的特殊家访便拉开了序幕。

我唯一能与他家长取得联系的方式便是打电话，所以我的工作先从与他妈妈的电话联系开始。每隔一段时间我就打电话给他妈妈，汇报小 D 在校时的情况，但不说学习，也不说他犯的错误，只是单纯地聊聊天，比如说说小 D 今天吃了什么。当他妈妈得知我曾好多次为小 D 买早餐时，她很惊讶，半天不语。渐渐地，小 D 的妈妈觉得我很关心她的孩子，不像其他老师总向她告状，就向我敞开了心扉：小 D 的父母很早就离婚了，爸爸不管他，妈妈为了生存，只得到外地打工；小D一直寄养在午托班，居无定所。

原来，小D没有家，没有固定的住处，所以他真的是无家可访！这时我才理解了他之前的举动——他愤怒地撕毁学校发的《家访登记表》。怎么帮助这个可怜的孩子呢？我思忖着。

我想对他进行一次家访，让他也能堂堂正正地在《家访登记表》里写上自己的名字，但怎样才能不露痕迹呢？（他可是说过"去家访就准备好医药费吧！"）经过再三沟通，我与他妈妈进行了一次很好的配合——我们在事先约好的时间有了一次"巧遇"，然后当着小D的面聊起天来，拉拉家常，说说做父母的不易，我在不经意间说说小D当天的表现……第二天，我重新印发了《家访登记表》，并重申家访的含义——只要老师和家长有面对面的谈话便是家访。于是，我看到小D在《家访登记表》里无所顾忌地填上了自己的名字。

每隔一段时间，我们便安排一次"巧遇"，有时是在校门口，有时是在路上。谈话的主题从开始的拉家常渐渐转移到小D的作业完成情况，到他的考试成绩的变化，再到他抽烟的问题，我一步步实现了教育目的。见面时，我们并不直接对小D进行教育，而是我和他妈妈聊天，他在旁边听。我们说的都是和他有同样问题的孩子。他是一个聪明孩子，他听懂了。我注意到他在转变，虽然很慢，但他在努力。比如，他开始交作业了，不带打火机到学校了，开始与我说话了。在多次"巧遇"之后，他意识到了老师和家长其实都在关注他，也似乎发觉了这些都是我的刻意安排。他默认了我的这种家访方式，甚至对同学说班主任已经到他家很多次了。虽然这种家访方式还没有在小D身上取得更大的效果，但至少消除了他对老师家访的反感，让他明白了老师去家访其实是在关注他，让他的内心受到了触动。在学校"你最喜欢哪个老师"的调查中，小D写的答案是："陈老师，因为她关心我。"这个回答让我对他有了更大的信心，至少他内心的冰山在慢慢地融化。

家访虽然是一个有效的家校沟通方式，但若方法不当，也难以取得理想的教育结果。我对小D的无痕家访之所以能取得一些效果，是因为在家访之前，我要求家长按照我说的去做：不能急于求成，只能小步渐进；不能正面交锋，只能旁敲侧击。有效的德育应避免强制和灌输。家校间要密切配合，以取得最好的教育效果。

>>> 陈志红·广东省珠海市体育运动学校

策略 33

让家访成为教师和家长间一次温馨的相遇

成功的家访凝聚着教师的智慧和力量,可以让家庭教育和学校教育形成合力,促进学生良好学习习惯的培养和班级工作的顺利开展。那么,班主任在家访时应该如何做呢?

一、让家长与学生的学习成果相遇

学习成果就是学生学到的知识、本领和技能,是学生学习进步的重要表现之一。一旦学习成果得到老师和家长的赏识与肯定,学生就会获得很大的精神满足,从而产生很强的学习动力。

班主任家访时向家长展示学生的学习成果是家校沟通的有效途径之一。班主任要挖掘每个学生的闪光点,让每个家长都看到孩子在学校里的进步;班主任要充分利用展示学生学习成果的时机与家长进行有效沟通,这不仅能促进学生更快地发展,也有利于促进家长对班主任、科任教师和学校教育工作的理解。"尺有所短,寸有所长",每个学生都有属于自己的精彩,班主任要向家长展示学生的学习成果,平时就要善于发现、善于选择和组合,给学生创造更多展示学习成果的机会。

二、让家长与教师的真切关心相遇

班主任家访的目的是与家长交流情况,交换意见,共同研究教育学生的内容和方法。为此,班主任应以真诚的态度和家长交流。

教师和家长的共同心愿是学生健康地成长。在家访中,班主任说话要谦虚有礼,举止要文明优雅,态度要和蔼可亲。要事先了解学生的家庭情况,了解家长的教育观念与方式对学生学习和个性形成的影响,并向家长汇报学生在学校的各方面表现,共同商讨教育学生的措施。在互动交流中,要力争让家长感受到班主任对学生的真切关心。班主任只有真正关心学生,才能在家访时走进学生及其家长的心里,才能沟通师生之间、家校之间的感情,从而有效助力班主任工作。

三、让家长与先进的家教理念相遇

家庭教育是一切教育的基础,它对孩子的身体发育、知识获得、能力培养、品德陶冶、个性形成,都有至关重要的影响。

家教观念决定着家庭教育的走向。教师教育、引导学生,一定要与家长联系,只有双方同心协力,才能达到教育目的。班主任通常比家长更熟悉教育知识和教育手段,更懂得教育规律,所以要从观念入手,向家长传授科学的家庭教育知识、方法和现代教育理念,帮助家长树立正确的家庭教育观念,包括正确的亲子观、人才观、教育观等,让这些观念为家庭教育保驾护航。班主任还要利用家访的机会积极鼓励家长以各种方式学习一些家庭教育方面的文章和著作,提高对家庭教育的认识,让家长学会用先进的教育理念教育孩子,并以身作则,为孩子树立榜样。

四、让家长与孩子的未来相遇

孩子是家庭的希望和未来,每位家长都有望子成龙、望女成凤的强烈愿望。班主任在家访时，要与孩子和家长共同制订孩子的发展计划，包括学习、纪律、生活等各个方面的内容。这是在为每个孩子、每个家庭播下希望的种子，同时可以增强孩子、家长的责任感和使命感。

总之，家访是学校教育的延续，是班主任班级管理和班风建设的重要途径和有效拓展。作为班主任，我们应不断学习先进的教育理念，大胆创新，最大限度发挥家长在家庭教育中的育人功能，让家访成为教师和家长间一次温馨的相遇。

>>> 张广荣·山东省滕州市张汪镇城后张庄小学

第五辑
助力亲子沟通

策略 34

助力亲子沟通，让家长发挥正能量

"你闭嘴！"一个少年的声音回荡在办公室里。这声音像一声响雷，震慑了一旁的我和少年的妈妈，而这句恶狠狠的话正是少年对他的妈妈说的。此刻，这个 14 岁的少年涨红了脸，梗着脖子，一副豁出去的样子。妈妈的泪水立刻涌了出来，她说不出话，办公室里的空气仿佛顿时凝固了⋯⋯

今天是我定期和家长进行交流的日子，我请来了鹏鹏的妈妈。鹏鹏行为有些鲁莽，上课时总爱趴着睡觉，不爱思考，作业也经常不交。我对他的各种教育措施都收效甚微，我将他妈妈请来是希望得到家长的支持。见到鹏鹏的妈妈后，我详细地把孩子的情况都告知了她，并向她保证上课时科任老师会格外关注鹏鹏，督促他参与到课堂学习中来，同时希望家长能够每天督促他完成家庭作业。

尽管我的态度非常客气，但谈话内容还是让鹏鹏的妈妈很尴尬，她一个劲儿地说："这孩子就是太懒、太幼稚。您放心，我一定会配合您好好教育他！"放学后，我把鹏鹏叫到办公室，想和家长一起帮助他解决问题。焦虑的妈妈恨铁不成钢，忍不住斥责了儿子几句，结果，鹏鹏就突然冒出了那句惊人之语，出现了那僵持的一幕⋯⋯

我一边批评鹏鹏不该顶撞妈妈，一边把伤心的妈妈领到了另一个办公室，让她平复心情。鹏鹏的妈妈哽咽着说："这孩子太懒散了。我在家教育他时，他总说我们还不是回了家就瘫在沙发上休息。可是他哪儿知道白天我们有多辛苦……也难怪，孩子看见的永远是我们疲惫、沮丧的一面……现在的孩子真难教育啊……"看着一位中年人在我面前不住地哭泣，我心里很不是滋味，匆匆劝说了几句后，就让母子俩回家去了。望着他们的背影，我陷入了沉思。我本想让家长协助我教育好孩子，却造成现在这个局面，问题出在哪里呢？

这件事虽然已草草结束了，但鹏鹏的妈妈那悲伤无奈的话语总是在我耳边回荡。经过一再思考，我明白了问题的症结所在。在家校合作中，亲子间的顺畅沟通是前提，如果不能做到这一点，家校合作就无法取得让人满意的结果。十几岁的孩子正处在逆反期，怎么能让他们体会父母的辛苦，接受父母的教育呢？作为班主任，我能做些什么呢？

这些天，"点亮梦想"主题班会正在紧张筹备中。我灵机一动，与其用别人的事迹来激励孩子，不如让他们听听家长为实现自己的梦想做了些什么。我与班委会讨论后，为主题班会设计了两个家长参与的环节。

经过精心筹备，"点亮梦想"主题班会如期举行。在"他们也是追梦人"环节中，特邀嘉宾民民的妈妈走进教室，讲述自己如何从经营一间小小店面起步，努力打拼，最终成立了一家以自己的名字命名的服装公司。讲述临近尾声时，这位妈妈微笑着说："我在工作上很拼命，我希望我的孩子学到我的拼命劲儿，比我更棒。"听到这里，所有学生都热烈鼓掌。又一位学生起身讲述了他的妈妈每天辅导完自己功课后再工作到深夜的情景。许多学生陷入了思考。是啊，生活中辛劳平凡的父母，其实也是勇敢、坚强的追梦人，他们是最好的人生榜样！

这时，悠扬的音乐声响起，大屏幕上放出了我事先剪辑好的视频。视频中，家长们有的讲述自己为实现梦想努力奋斗的感悟，有的表达自己对孩子的鼓励与期望。片子的结尾，鹏鹏的爸爸和妈妈说："爸爸妈妈回家很少跟你说工作上的事。警察的工作既忙碌又烦琐，但为了实现梦想我们需要在平凡和琐碎中踏实地走好每一步。这些，爸爸妈妈做到了，相信你肯定也能做到！"这一刻，我注意到那个曾当面顶撞妈妈的桀骜少年眼神里的温柔与愧意。

又是一个美好的早晨，小允的水杯引起了我的注意。那是一个双层的水杯，外层透明，里层可以放上自己喜欢的照片。我记得那里曾经放着一个韩国明星的照片，眼下，却换上了小允一家三口的合影。捕捉到了我的目光，小允的脸一扬："怎么样，老师，我爸我妈很有范儿吧？现在，他们可是我的偶像，离我最近的偶像！"

凝视着照片上那幸福的笑脸，我体味到了做班主任的幸福。只有为家长提供平台，帮助孩子从家长身上汲取正能量，家校合作才能真正实现。

>>> 魏欣·北京市第二十五中学

策略 35

让孩子体会父母的辛劳

玲玲的日记引起了我的注意:

老师,每天在放学回家的路上,班里的男生总骂我是外地土老帽,说我爸爸是个臭木匠,还拿石子扔我。我说话有口音,大家都听不清楚,我心里本来就特别着急,也非常难受,可他们还老这样。我想跟爸爸说不在这里上学了,但爸爸肯定会生气的。您说我该怎么办?

看完我心里有点儿堵得慌。玲玲是外来务工人员子女,她平时文文静静的,很腼腆,讲话带着地方口音,一和老师、同学说话就脸红。我上课时请她回答问题,她总是慢慢地站起来,十分胆怯,甚至不敢看我。但她很勤快,平时只要有机会就为班里做事,打扫卫生、分发本子、端水……这样一个孩子怎么会被同学欺负呢?爸爸做木匠难道就低人一等?孩子们怎么能这样歧视外地来的同学?他们可能从没想过,自己的父母也是早出晚归辛勤劳作,嘲笑别人就是在贬低自己。

我知道,一些孩子产生这样的想法是受社会上轻视体力劳动者的不良风气影响,如果不及时引导,长此以往,不仅会影响班级团结,还会对孩子们的成长造成不利影响。

仅仅给玲玲一些关心也解决不了她的问题,我应该帮助她正确认识爸爸的工作，走出自卑阴影，自信起来，快乐起来。想到这里，我在她的日记本上写下一段话：

玲玲，老师非常佩服你的爸爸。你的爸爸凭着自己的双手，养活全家人，他是一个坚强的人。孩子，爸爸做木匠不丢人！你有口音也没关系，多开口说话，多与老师、同学交流，很快就能纠正过来。我相信你能做得很好！

第二天，日记本发下去后，玲玲赶忙翻开看，看完后马上抬起头，瞪大眼睛看着我，看来那几句话在她的心中激起了涟漪。下课后，我把她请到办公室，问她是否明白老师的意思，她羞涩地点点头。

之后，我进行了家访，发现她爸爸的手艺非常精湛，制作的木艺家具古色古香，木雕的老鹰、金龙等也栩栩如生。在爸爸的影响下，玲玲也很喜欢做手工。我鼓励玲玲把一些简单的手工艺品拿到班里展示，并且与她爸爸约定让孩子们见识一下他的手艺，他爽快地答应了。

不久后，我在班里举行了"我是巧巧手"活动，并邀请家长参加。玲玲的爸爸现场雕刻的玫瑰花和玲玲制作的精致的小板凳吸引了所有人的目光，大家不约而同地为他们使劲鼓掌，连那几个曾经嘲笑过玲玲的男生也投去赞许的目光。我又借此机会请玲玲的爸爸指导学生做木制手工艺品。大家热情高涨，学得非常认真。

这次活动结束后，班里的学生开始和玲玲亲近了，课间总有人和她一起玩，大家跟她学解鲁班锁、做陀螺和雕花……她的朋友多了，笑容也多了。她找到了自己独特的优势，树立了自信心，见到老师也不再脸红，而是仰起头甜甜地问好。

后来，玲玲的爸爸为班里做了个书架，学生都很喜欢，玲玲也为爸爸感到骄傲，小腰板挺得更直了。

我之后在班里组织了一系列主题活动，如"介绍一个平凡的劳动者""谁是真正的强者""今天我当家""小巧手支妙招"等，让学生在活动中了解父母的工作、生活情况,体会他们的辛劳,向他们学习各种生活技能。这些活动充分挖掘并利用了家长资源,调动了学生的积极性,使学生懂得了尊重普通劳动者、珍惜友情、感恩父母……

>>> 杨建·北京市丰台区长安新城小学

策略 36

用亲情纪念册促进亲子沟通

初二的学生正处在叛逆期。在学校里，他们的叛逆表现也许还不明显，但在家里，很多孩子已与之前判若两人，与家长冲突不断。我想，亲人之间大多因为不够了解才心生嫌隙，只有互相走近、了解，才能够促进理解。作为班主任，我们应主动架设一座沟通的桥梁，让亲子间相互靠近、沟通，从而帮助孩子顺利度过青春期。

马上要放十一长假了，我和年级组的其他语文老师一起，结合八年级"至爱亲情"单元，给学生和家长留了一份共同的作业：制作一本"至爱亲情纪念册"。要完成这本纪念册，家长和学生就必须通力协作。纪念册的具体要求如下。

尊敬的家长们、亲爱的同学们：

大家好！

值此国庆佳节之际，我们诚邀各位家长与学生携手合作，共同完成一份温馨的家庭作业——"至爱亲情纪念册"。这个纪念册可以让孩子体味亲情的真挚，感悟亲情的伟大。感谢您的热情参与！

祝您节日快乐，阖家幸福！

初二年级语文备课组

"至爱亲情纪念册"的内容与制作步骤

第一部分：至爱亲情

漂泊的船儿永远惦记着港湾；高飞的鸟儿始终牵挂着故林；远走他乡的游子，无论是身处顺境还是遭遇坎坷，心中时时惦念的，还是那温情如水的家，那血浓于水的亲情，那真真切切的爱。

请选择一张你们全家人最喜欢的全家福，并配以文字解说（拍照的人员、时间、地点、喜欢的缘由等）。

第二部分：回味亲情

一路走来，每一个人都会有许多与亲人在一起时的美好回忆。

1. 请家长接受孩子的采访，谈谈自己在青少年时期和父母之间温馨难忘的故事。（请采用问答格式记录）

2. 请孩子根据亲人提供的影像资料或口头讲述，记录自己已淡忘的儿时故事。（请用第二人称表达）

第三部分：解读亲情

每一篇美文都会唤起我们内心深处最真挚的情感，每一次阅读都会触发我们心中最美好的情愫，让我们带着感动去解读亲情。

1. 请家长和孩子共同阅读教材第三单元"至爱亲情"中的所有文章，并请家长和孩子分别谈一谈阅读后的感受。

2. 请家长和孩子共同推荐一篇你们家庭最欣赏的关于亲情的文学作品，并写出推荐的理由。

3. 请家长和孩子共同推荐一首你们家庭最欣赏的有关亲情的歌曲，或者一部关于亲情的电影、电视剧，并写出推荐的理由。

第四部分：体验亲情

情是什么？爱是什么？是爷爷老掉牙的故事，是奶奶永远不会停止的唠叨，是每天清晨上学出门时妈妈的叮嘱，是每次考试考砸后爸爸的呵斥……爱是相互的，你在享受春晖般的亲情时，有没有想过如何回报你的亲人呢？

1.请家长写出孩子为你做过的、让你特别感动的事情和当时的真实感受。

2.请孩子写出家长为你做过的、让你特别感动的三件事和当时的心理感受。

3.请家长和孩子共同讨论并达成共识：亲情是什么？亲情应该如何表达？

第五部分：抒写亲情

1.孩子写一篇文章，题目自拟，800字左右。

写给孩子的话：孩子，你在被一篇篇美文感动的同时，要记得回味父母的亲情，不要让无数感人的瞬间在眼前消逝；不要粗心大意，忽略、无视父母的爱……请拨动你的心弦，努力回忆，抓取你同亲人之间的感人事例、动人瞬间，与大家分享你身边爱的故事。

2.家长写一篇文章，题目自拟，800字左右。

写给家长的话：各位家长，您的孩子已经或者即将14岁了，您对孩子有什么期望？您希望孩子具有什么样的品质？也许您因为平时工作繁忙，没有时间和孩子交流沟通，那么，现在请您抽出一点儿时间，给孩子写一封信，让孩子了解您的心情和想法。谢谢您的合作。

我们原来只是希望让孩子走近父母，沟通情感，结果却收获了出乎意料的惊喜。在活动过程中，大多数家庭不只消除了误会，增进了感情，还共同写出不少感人肺腑的文章，共同制作出品质精良甚至达到专业水平的纪念册。

第一部分是"至爱亲情"。孩子们找出一张张家庭甚至是家族的合影，每一张照片中都洋溢着满满的幸福。照片中孩子们那一张张幼稚的小脸，真是令人忍俊不禁。翻找、选择照片的过程就是亲子间亲近、商谈、了解的过程。

一个孩子说："两年了，我们居然没照过一张全家福。小时候我很喜欢拍照，每次拍照我都很开心。现在我总觉得他们唠叨、水平低，但是我说的每一句话他们都记在心里，包括我爱吃什么、爱做什么……"

另一个孩子写道："那个下午我们找到了五十几张我从3岁到13岁的

全家福。看着这些照片,我心里有说不出的激动。有的照片逆光了,有的照片没拍好,但不变的是三个大大的笑脸和三颗紧紧贴在一起的心。至爱亲情,也许这个纪念册就是要让我们记住这血浓于水的亲情吧。"

第二部分是"回味亲情"。采访活动让孩子们不得不走近家长。的确一开始有很多孩子是不得不耐着性子跟家长聊天的,但是聊着聊着他们就一起捧腹大笑了,就一起神思遐想了。"听妈妈讲那过去的故事"原来也很有意思。虽然时代不同了,但童年是相似的,平时严肃啰唆的父母此时沉醉在少年时代的回忆中,与平日是如此不同。父母与孩子的心此时发生了碰撞。

第三部分是"解读亲情"。这个环节要求家长和孩子一起读课文,并分别说说读后的想法。语文教学一直在提倡亲子共读,但是一直在"读什么"和"怎么读"的问题上纠结。其实,教材本身就是亲子共读的好素材。亲子共读课文可以让家长知道孩子正在学习什么,可以让孩子了解家长对自己的教材有什么看法。有的孩子在看到父母对文章有那么深的理解时,对父母也有了几分崇拜。

第四部分是"体验亲情"。虽然父母与孩子天天生活在一起,但是要说起孩子为父母做过的事,有的家长会发现自己也没有留意过。更重要的是,大多数孩子只有在认真反思后,才发现父母在生活中为自己做的很多事情都是那样用心良苦。

第五部分是"抒写亲情"。家长真的有很多话要跟孩子交流,初二的学生也真的有很多知识需要了解。在孩子即将迈入14岁门槛的时候,这封信也许会成为一个新的开端。我翻阅了所有书信,很多内容令我感动。我想孩子们看过父母的信后一定能更深入地了解爸爸妈妈,其实他们的爸爸妈妈不只看重成绩,不是真的那么严格无情。他们只是以一种更高的标准要求孩子,希望孩子将来有更多的选择。他们如此开明,如此宽容,如此舐犊情深。有的家长在千里之外的雪山上给女儿写信;有的夫妻背对背写出的两封信竟十分相似;还有的爸爸平时看似与儿子并不亲近,但是写起儿子的优点来却如数家珍,这让一直以为被冷落的儿子立时明白什么叫父爱无言……

一个孩子事后回忆:"我的信里充斥着对爸爸的抱怨。在我的笔下,爸爸是古板严厉的代名词。但读了爸爸的信后,不知怎的我的眼睛却模糊了。爸爸不能选,儿子也不能选。但爸爸总感觉幸运,说他有一个完美的儿子;而我却总是对爸爸妈妈鸡蛋里挑骨头,总觉得自己聪明,而亲人却不够好。"

亲情纪念册完成了,家长们精心打印装订,分外用心。这本亲情纪念册远比我们预想中厚重得多——

从去年开始,我和妈妈就老是为一些鸡毛蒜皮的小事吵架,但经过这次活动,我们的关系似乎有所好转。我在文章中把心底的话说了出来,妈妈看后热泪盈眶。亲情纪念册是我们关系的转折点。(学生)

我真的非常感谢亲情纪念册。孩子上初中以后,我们几乎无法交流,但是这一次我们一起坐下来完成作业,我们聊了很多,聊得很好。感谢老师给我们这样的机会。(家长)

我和孩子的爸爸都有些话想对儿子说,最终决定每人写一封信。背靠背写完信后,我俩把信互相交换,我被平时不善言辞的爸爸感动了,被父亲对儿子真挚的感情和娓娓道来的简单朴素的生活道理感动了,几次热泪盈眶,当然爸爸看了我的信后也有同感。也许现在儿子还不能深刻感受父子、母子间的亲情,但我相信,若干年后他再看到这两封信时,一定会有所感悟。总之,这是一个很好的亲子间互动、加深感情的过程,我们受益匪浅!(家长)

处在青春期的孩子与父母发生矛盾时,作为班主任,我们要搭一座桥,促进亲子沟通,让他们互相走近,去回忆过去、面对今天、畅想未来。这一切过后,他们依然是幸福的一家人。

>>> 史春娟·北京一〇一中学

策略 37

让孩子体验父母一天的工作

"老师,这是我体验了父母一天的工作后发的微信朋友圈!"

"老师,这是我体验父母一天的工作时拍的照片!"

"老师,这是我寒假期间体验父母工作的心得!"

……

看到孩子们用各种方式完成了这份独特的寒假作业,我感到非常欣慰。

"体验父母一天的工作"是寒假前我给学生们布置的一份独特的作业。我们学校的学生大多是进城务工人员子女,他们跟着做小生意、跑长途车、搞建筑等的家长住在城中村中狭小的出租屋内。家长每天忙于生计,早出晚归,与孩子在一起的时间很少,因此亲子间很难有深入的交流与沟通。家长总认为孩子不心疼父母,学习不够努力;孩子却认为父母只知道赚钱,不关心自己。

一次,班上一个乖巧的孩子与父母发生了激烈的冲突,家长无奈之下向我求助。发生冲突的原因很值得玩味:周末孩子在家,看到父母卖菜很忙,就主动来到摊位帮忙。但家长一看孩子不在家学习,就大声吆喝让孩子回家,并拿亲戚家、邻居家的孩子进行比较,还训斥孩子。孩子本想利用周末时间给父母帮忙,与父母多待一会儿,没想到却被父母批评,于是在菜市场里与父母大吵大闹起来。类似的情况在我们班时有发生。家长与孩子往往相互抱怨、互不理解。

既然孩子们有这样单纯善良的想法，何不帮他们实现愿望呢？于是我就有了"体验父母一天的工作"的活动创意。放寒假前的家长会上，我向家长说明了活动的目的及意义，希望家长抽出一天时间努力配合，家长听后都表示支持。在班会上，我刚把这一独特的假期作业说出口，教室里就像炸开了锅，孩子们兴奋不已，痛快地答应会用照片或文字记录自己的收获。

寒假期间，我接二连三地接到家长的电话："真没想到孩子还这么有心，干活比我们还起劲！""王老师，今天孩子跟着我干了一天活，晚上我们全家人在一起吃了饭。我以前从未发现孩子这么会心疼人，我和她妈妈真的好感动，我们以前误解孩子啦！其实孩子挺好的，知道学习，也会心疼人。谢谢您，老师！"……家长的电话表明活动已取得了效果，我期待着孩子们的假期作业。

开学后，看着孩子们拍的照片，读着那些稚嫩而真诚的文字，我非常兴奋：

今天，我和父母一起去菜市场卖菜，我很高兴！因为我不仅能够帮父母干些活，还能与他们待在一起。要过年了，菜市场里的人真多！父母边称菜边不停地回答着人们的询问。从早上到中午，父母连一口水都顾不上喝，我只好不时拿着杯子喂他们喝水。中午，父母还在忙前忙后，我就去给他们每人买了一碗他们爱吃的刀削面，还特意多加了两块钱的肉！……看到父母卖菜时忙碌的身影，我觉得自己挺对不起他们的，我还经常惹他们生气，太不应该了！爸爸妈妈，我会努力的！

读到最后，我才发现这竟是那个与父母发生激烈冲突的孩子的作业。

读着学生们的假期作业，我深切地明白了一个道理 —— 孩子学会用自己的方式表达对父母的爱远比在一次考试中取得优异的成绩重要。以后，我会进一步引导家长不要把成绩作为唯一的评价标准，而忽略那些真正能够影响孩子终身发展的好素养、好品质、好习惯。

>>> 王兴伟·河南省洛阳市第四十四中学

策略 38

帮家长转过心里那道弯

开学初,我在班里组织了"我的理想我做主"主题班会。学生们表现出的才能让我欣喜不已。雪儿格外引人注目,她不仅展示了自己写的活动宣传词、板报设计方案,还展示了自己设计的服装作品,博得了大家的掌声和喝彩。我激动地说:"同学们,你们觉得雪儿同学当设计师的理想能不能实现啊?"所有学生异口同声地高呼:"能!"

但是,我却发现此时站在讲台上的雪儿却仿佛丝毫没有受到鼓舞,她的神情淡淡的,甚至还有一丝自嘲似的苦笑挂在脸上,好像根本不相信自己的理想会实现……班会结束后,一个同雪儿要好的女孩儿跑过来对我说:"老师,请您关心一下雪儿,她有点儿自卑。"

成绩优秀又多才多艺的雪儿怎么会自卑呢?要知道,入学一年多来,不管从哪个方面来看,雪儿都是一个能干的女孩儿啊!带着深深的疑惑,我决定去雪儿家家访。

见到雪儿的妈妈后,我还没发问,她就对我抱怨开了:"雪儿从来不和大人沟通,回家就没精打采的。不管我多努力,都无法走进孩子的心里……"我的眼前又浮现出雪儿在班会上的样子。

雪儿的妈妈继续诉说:"我和她爸爸都在打工,才买了房子不久。因为怕雪儿一个人孤单,就给她生了一个弟弟,这样一来生存压力更大了。我们夫妻俩没日没夜地工作,只为多挣点儿钱,给孩子创造好一点儿的生活条件。"

我问:"您和孩子聊天吗?"雪儿的妈妈说:"很少……基本上没有。我和她爸爸经常很晚才回家,周末也在上班,真正能和孩子聊天的时间很少。实在是太忙,抽不出时间。"

我表示理解后又问:"你们在家的时候,会说鼓励孩子的话吗?"雪儿的妈妈摇了摇头,说:"没有。雪儿以前也说她自己成绩好,我们怕她骄傲,就说这不算什么,要继续努力,后来孩子好像就不怎么提她的成绩了。"

"我记得雪儿在一次作文中说,您很爱看书写作呢!"听到这话,雪儿的妈妈抬起头,看着别处说:"是。我虽然学历不高,但爱看点儿书。每次下班后累得不行的时候,就只想躺在床上翻翻书或者写点儿东西,觉得这样好像还有自己。"我分明感觉到,雪儿的妈妈说这话时,神情中流露出的那种怅惘。

"是不是有时会感到不被人理解?"我轻轻地问。雪儿的妈妈垂下了头,泪水也紧接着掉了下来。她慢慢说起了作为一个女人的艰辛、生活的无奈及遗憾……

听着她的讲述,我有点儿佩服这位家长,同时也觉得到了解开她和雪儿心结的时候了。我对她说:"您希望得到理解,希望与他人有一种心灵上的沟通,您的孩子雪儿呢,她是不是也和您一样……"

听到这话,这个母亲一下子怔住了,她抬起头看着我。"雪儿也希望得到家庭的温暖,想在你们面前撒娇,享受和你们在一起的时光;她也许在物质上要求不高,却更在意你们的称赞。成年人都愿意听别人的赞美,何况小孩子,您说是吗?"我继续同她谈着自己的感悟。

"可是,她要是骄傲呢……"雪儿的妈妈有些迟疑。"您肯定她一定会骄傲吗?怎么不试试看呢?"我鼓励这位母亲换一种方式与孩子沟通。

这时,雪儿的妈妈的心好像忽然变敞亮了,她意识到自己以前和孩子缺乏沟通,没有理解孩子的心思,于是不停地自责。之后,她又略带犹豫地问我:"可是,雪儿不爱和我逛街,宁愿一个人待在家里。"我笑了笑,告诉她:"您若要她陪您办事,她只能做大人的跟班,就会觉得没有意思。您可以以她和她弟弟为中心,单纯地陪他们玩、聊天,也不问学习成绩。

您也别让自己太累了，去放松一下，和孩子们到野外去……"雪儿的妈妈如梦方醒，不停地点头。

离开时，我把家校联系册交给了雪儿的妈妈。那上面记录着雪儿平时的学习成绩，还有全体师生对雪儿在校表现的高度评价。雪儿的妈妈看了之后眉头舒展开来，看得出她十分欣慰。

一周后，我问雪儿她的爸爸妈妈看没看家校联系册。雪儿说她的爸爸妈妈一遍遍地看，一遍遍地感叹："没想到自己的女儿在学校里这么出色，老师、同学给予这么高的评价！"特别是她妈妈，每当有熟人从家门口经过，她都叫人家看；她好像一刻也不想让那个小本子离开身边，睡觉时放在枕头边，上班时也揣在口袋里，有空就拿出来看……雪儿一边向我开心地叙述着，一边不好意思地拭去脸颊上那两行泪水……

有时候，家长对孩子的教育感到苦恼，其实是因为家长没有转过心里的那道弯。

>>> 王家成·湖北省宜城市龙头中学

策略 39

融洽亲子关系的四个方法

和谐的亲子关系除了需要父母、子女的努力外,班主任也可以有所作为。

一、巧设活动

1. 母亲节活动

要到母亲节了,班级推出的重点活动是让每个学生为母亲备一份"爱的献礼"。一向大大咧咧的方同学用自己的零花钱为妈妈买了一包红枣,因为妈妈贫血;沉默寡言的邹同学亲自烧水为妈妈洗头,希望妈妈的秀发永远美丽;富有艺术气息的曦若同学亲手做了个精美的零钱包,供妈妈存放零钱、U 盘和各类卡;细心的硕同学发现妈妈正准备生个小宝宝,于是送给妈妈两条孕妇裤;陈同学原想送护手霜给妈妈,但考虑到妈妈的工作是卖鱼,双手每天浸泡在水中,涂了护手霜也无济于事,于是送了一个笑脸牙杯,希望妈妈每一天都在快乐中开始、在快乐中结束……妈妈们收到这些别致的礼物后泪水涟涟,都为孩子的成长和懂事感到欣喜,幸福指数也大大提升。

2. 父亲节活动

父亲节之前，活动策划组别出心裁地让每个同学写一份"寻人启事"，要求写出父亲的身高、体重、年龄、生日、最爱吃的菜、爱好及特长……写"寻人启事"，让学生增进了对父亲的了解。舒同学特意为父亲画了一幅肖像画，王同学更是用中英文来书写寻人启事，让人忍俊不禁的是小家伙们都写上了"请知情者速与××联系，必有重谢"。而众多父亲看了这则别样的寻人启事后，纷纷表示马上回家。亲子互送信件活动也引起了较大反响，平素不苟言笑的父亲收到孩子的信后也是柔情万种：有的父亲不乏得意地说："你妈妈急了总抱怨'你们父子俩怎么一个德行'"；有的父亲一再保证今后一定少抽烟，做好表率；有的父亲回忆起孩子刚出生时的甜蜜；有的父亲对孩子抱有厚望："你是周家第三十六代孙"……

3. 儿童节活动

在初二这一年，孩子们将度过最后一个儿童节。我组织家长给孩子们备一份"成长礼"。这些礼物特别让人感动：有的是一块手表，家长希望孩子能把握好人生的每一刻；有的是不倒翁，家长希望孩子在困难面前永不认输；有的是跑鞋，家长希望孩子永不停止前进的脚步；有的是一碗鸡汤，家长希望它能滋润孩子的心灵；有的是火车票，家长希望孩子在人生的旅途中一切平安；有的是一包开心果，家长希望孩子快乐每一天；有的是一颗种子，家长希望孩子茁壮成长……收到礼物后，孩子们热泪盈眶。这是他们成长过程中的一个重要时刻。

我尽可能多通过活动创造亲子双向互动的机会，并将其渗透到日常教育之中。当然，这些活动只是增进亲子间感情的载体，从中体现出的平等、尊重、信任、关爱等情感才是最为可贵的，其意义远超活动本身。

二、指导学生

一些学生经常抱怨："无论我到哪儿，都得向爸妈汇报，爸妈简直是我的GPS（全球定位系统）。""父母总说，我像你这么大的时候早上山下乡去了。""他们说得最多的两句话是'好好读书''吃好饭做作业去'，一遍一遍地嘱咐，没完没了，真烦死我了！""他们总是说话不算数，说好我若考前三名就带我出去旅游，我都考了不知多少次前三名了，他们却总推说忙，耍赖。"……面对种种亲子矛盾，作为中间人的班主任既不能坐视不理，也不能空洞说教，最明智的做法就是引导。于是我引导学生思考："是爸爸妈妈不爱我们，还是他们不知道怎样表达爱？会不会他们已经表达了爱而我们却未曾察觉？"学生开始认真思考。

我找到刘墉的文章《雪地上的脚印》，它道尽了普天之下父母的心声。我为学生朗读，他们静静地听着。教室内一片寂然，学生的思绪却涌动不息。听完故事，他们更是感慨良多。有的说："母爱像空气，它是我们赖以生存的条件，而我们却常常忽视了它的存在。"有的说："我的母亲不会在我入睡前讲白雪公主的故事，只会在半夜里给我盖好被子；她不会在吃饭时给我夹菜，只会把我最喜欢吃的菜放在离我最近的地方，而我却忽视了这些。"教室里响起了学生的啜泣声……

解决问题的关键是要让学生学会与父母相处。于是我引导他们讨论如何"讨"得父母的欢心。我和学生热火朝天地讨论后，总结出以下妙招。第一招，投其所好。让父母展示他们最擅长的一面，比如让妈妈织毛衣。第二招，主动出击。每次外出前，主动交代与谁在一起，并预计回家的时间等，以免家长担心。第三招，情感"贿赂"。在节日或父母过生日时送礼物表达心意，或一同外出游玩；每天在饭前饭后主动和父母交谈。第四招，分担责任。主动跟父母一起做几件事，分担一些家庭责任，比如洗碗、倒垃圾、擦地板等。第五招，写信表白。既可以把自己心中的郁闷、不安、不满都发泄出来，也可以把自己一直想说的"爸爸妈妈，我爱你们"这样的心里话表达出来，还可以在信中写出自己的心情以及对父母的希望等。

第二周的班会课上，我趁热打铁，提出了一些具有普遍性的问题，如：如何平衡自己的隐私权与家长的监护权？想买电脑但父母反对该怎么办？父母发生了矛盾我们该如何处理？父母一方或双方下岗我们将如何应对？……这些问题解决起来都很难，却与学生的成长密切相关。经过讨论学生也越来越深切地感受到：我们不是温馨家庭的观望者，而是营造者。

学生与家长发生矛盾是教育中的常见现象，但常见不意味着我们可以视而不见、一推了之。我们要从学生的真实问题出发，顺势引导，层层深入，并选取那些两难问题，让不同的价值观念相互碰撞，激起个体内心的价值冲突，让学生最终将孝敬父母的心意和行为选择结合起来。在协调亲子矛盾的过程中，班主任本人也会获得家长和学生的认可。

三、帮助家长

孩子是家长的一面镜子，孩子的言行举止往往反映出家长的言行和教育方式。不可否认，当前一部分家长的教育水平和素养不尽如人意。有的家长期望过高，不切实际地要求孩子必须考到年级前几名；有的家长不会上网，不用 QQ，听不懂 "PK"，让孩子觉得很土很落伍，他的话孩子自然不愿听从；有的家长偷看孩子的日记，查看孩子的手机，还偷偷打电话给老师和同学，打探孩子的行踪；有的家长简单粗暴，为防止孩子在家上网，每次上班时都拆下键盘带走；有的家长絮叨啰唆，喋喋不休，如同《大话西游》中的唐僧一般；有的家长自身问题很多，孩子学习时自己在一旁打麻将，甚至缺人手时还叫上孩子一起打；有的家长底气不足，批评孩子时往往加一句前缀 "我听你们老师说了"，结果不但自身威信全无，还直接把老师给 "卖" 了……

为此，我在处理家长与孩子的矛盾时，总是先帮家长分析自己对待子女的态度是否正确，然后帮助他们分析家庭成员之间的关系是否融洽，再让他们反思自己是否起到了榜样示范作用，最后提供一些简明扼要、通俗易懂的方法供其参考。

家长的素质决定了家庭教育的层次。无论是学生的学习问题、行为问题，还是学生与家长的矛盾，都或多或少与家长的教育方式有关。正如美国心理学家哈里森所言，帮助儿童的最佳途径是帮助父母。我们班主任能做的就是帮助家长，告诉家长"身教重于言教"的道理，指出家长教育孩子时存在的缺陷和误区，并提出一两项可行的建议。当然，使用这种方法时要注意对象，同时讲究交流的场合，因人而异，说话委婉，适可而止，否则容易弄巧成拙。

四、搭建平台

我特意在班级活动中为学生的父母设置了"保留节目"——"我老爸最棒"和"老妈，加油"。在"我老爸最棒"活动中，爸爸们都拿出各自的绝活，有表演武术的，有泼墨挥毫的，有吹拉弹唱的……不用说，这些活动使父亲在学生心中的形象瞬间高大了许多。而在"老妈，加油"活动中，我请妈妈们一起比拼喝饮料（用扎了孔的长吸管喝）、进行摸手认子比赛（为了参加比赛，妈妈与孩子不知摸了多少遍手）、真情对对碰（看谁能准确说出自己孩子的好朋友等内容）……不同的方式却有着同样的精彩。

在班级建设中，我还会积极挖掘家长资源。新学期伊始，我会对全班进行一次调查，了解学生父母的职业和工作岗位，然后将其职业特点和个人所长造册建档。比如，有一位学生的家长是装潢公司的老板，于是我们在布置教室时联系了他。家长一遍遍设计、一遍遍修改，并精心选材，最后把教室布置得既清新典雅又富有文化气息。学生们很感激，买来荣誉证书，请他的女儿颁给家长"特别贡献奖"，其他学生和家长都很羡慕。家长们纷纷表示，班级有需要的地方，一定全力支持。

通过以上方式，我班学生与家长的关系变得更加融洽，我真正实现了家校共育。

>>> 齐欣·山东省临清市京华中学

策略 40

"画画我们这一家"

作为班主任,我在和孩子们的相处过程中,有幸聆听了许多让我很有感触的故事,深切感受到家庭对孩子的影响之大。虽然平时我经常和家长交流,但总觉得远远不够。今年借助学校的家长开放日,我开展了一次亲子主题活动——"画画我们这一家"。

一、亲子游戏:"爱我你就抱抱我"

画图之前,我们做了一个亲子游戏作为热身。坐在多媒体教室后方观摩席上的家长们被邀请到教室中央,并被告知游戏规则:家长和孩子要根据歌词,做相应的动作。例如,当听到"陪陪我"时,双方得肩膀紧靠;听到"亲亲我"时,双方得脸颊贴近。

伴随着温馨的《爱我你就抱抱我》的歌声,45个孩子和他们的家长在偌大的多媒体教室中活动起来。

在分享环节中,家长Z说:"孩子长大后,我们之间这样亲昵的动作越来越少了。我刚才觉得整个人都融化了,觉得特别甜蜜。"家长L说:"我平时在家里对孩子要求比较严格,所以刚才真不太习惯,不过以后可以尝试和孩子更亲近些。"

二、画画我家的定格图

为了更真实地展示孩子们内心的想法,我让孩子们独立完成画图,家长在后方观摩席就座。

画图前,我让孩子们先在脑海里回顾平时家人都在做些什么,并在班级里交流他们刚才脑中定格的画面。学生 L 说:"一般放学回家后,我在书房里写作业,爸爸偶尔会加班,妈妈忙着干家务。"在我的引导下,她在黑板上完成了这样一幅家庭定格图(图1)。她给自己家的定格图打了 8 分,她比较满意,但是觉得如果家人间更亲密些就更棒了。

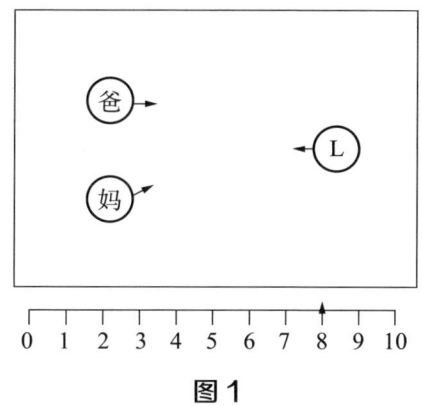

图 1

接着,我利用投影出示了绘制规则,其他学生也画起了属于自己家的定格图。

家庭定格图绘制规则:

• 用铅笔画在框内,在圆圈中写"爸""妈"等家庭成员。

• 在圆圈上标箭头,表示该成员脸的朝向;注意圆圈之间的距离由你来决定。

• 你对自己的家庭定格图满意吗?在下方的刻度尺上做标记,10 分代表非常满意,0 分代表很不满意。

三、说说我家的定格图

一些学生自愿走上讲台,将自己画的家庭定格图投影在屏幕上。他们还会介绍这么画的原因,画中人物在做些什么,通常自己离谁近些,又离谁远些,打这个分的理由,等等。

学生 T 说:"我的妈妈很爱唠叨,特别是对我的学习要求很高。如果我考试成绩不理想,妈妈会很紧张,整天唠叨个不停,有点儿烦人。爸爸也觉得妈妈小题大做,但他好像不太在意我的烦恼,也不帮帮我,所以我只打了 6 分。"(见图 2)

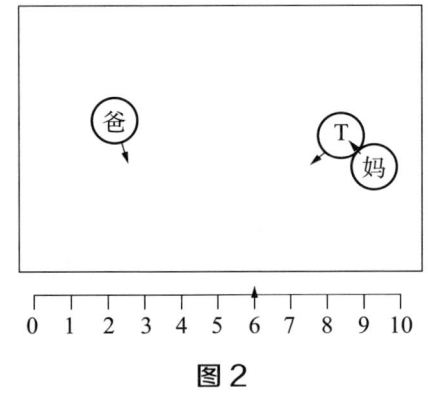

图 2

学生 X 说:"爸爸妈妈总是忙于工作,我和爷爷奶奶住在一起,虽然生活上被照顾得很好,但是有时候我非常希望爸爸妈妈多陪陪我。"(见图 3)

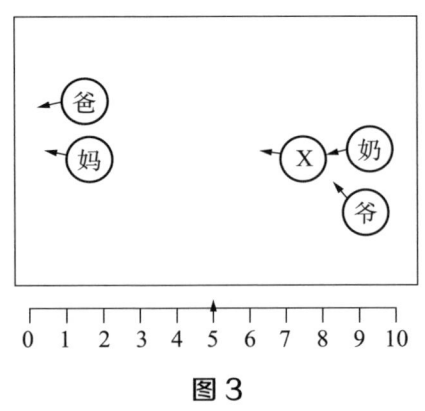

图 3

一张张家庭定格图呈现出孩子们心中的家庭关系模式。孩子们还讲述了一些定格图背后的故事，或温馨甜蜜，或辛酸无奈，我们都用心倾听。

四、改改我家的定格图

一幅幅定格图让在场的家长和孩子感慨颇多，有些孩子给自己家的定格图打分不是很高，所以我安排了孩子和家人一起修改定格图的环节。

修改前，我请孩子和家长思考以下问题：假如有一个魔术师可以让你和家人之间的关系发生变化，你希望有哪些变化？如果发生了这样的变化，又会呈现出怎样的家庭定格图？

大家都很用心修改，我们还对修改后的定格图进行了投影，并进行了交流：你做了哪些修改？为了实现这样的改变，大家需要做些什么？

在学生T的修改图中，妈妈的位置离他稍微远了一些，而爸爸则离他更近了，他给这张图打了9分。学生T的妈妈表示："以后会多给孩子空间，相信他可以处理好自己的事。自己也要调整心态，不给孩子施加不必要的压力，而且回家后还要跟孩子的爸爸交流一下这张定格图，三个人一起努力，让家更和谐。"

在学生X的修改图中，爸爸妈妈的位置离他近多了，这次她打了10分。学生X的妈妈说："平时我们陪伴孩子的时间太少了，今天才真正听到孩子的心声。孩子内心的需要远远比工作重要，以后我一定做一些调整，多和孩子交流，多陪陪孩子。"

在这个环节中，家长们很有感触，有的家长看到自己孩子画的图后甚至觉得十分意外，没想到孩子心中的小小世界竟如此丰富；有的家长觉得平时对孩子的了解实在太少了，没有走进孩子的内心，以后一定多交流。同时，家长们也很希望孩子可以主动表达自己的想法。修改定格图容易，但真正改变需要大家共同付出很多努力，他们非常希望可以和孩子一同把家变得更美好。

五、活动反思

让孩子用语言将内心的亲子关系模式表达出来效果可能不理想。因此，我设计了家庭定格图，让孩子将内心的亲子关系模式画出来，化抽象为具体。

这次亲子主题活动，提供了一个很好的亲子互动平台。在整个活动过程中，大家用心投入，一起倾听了很多真实的故事，想出了很多把家经营得更和谐温馨的办法。期待这次活动能真正给家长和孩子带来一些感触和启发，让他们有积极的改变。

【专家点评】

在亲子关系中，父母若离孩子太近，可能会破坏孩子的自我边界，若离孩子太远，又可能导致父母和孩子感受不到彼此的爱。很多父母、孩子乃至心理学家都在探索、寻找更合适的亲子关系模式。

本次活动尝试让四年级的孩子觉察身处的亲子关系模式并给出评价，之后又通过交流得到一些切实可行的改善亲子关系的办法。具体操作时教师采用了画家庭定格图的办法，这对孩子很有启发，并产生了积极效应。需要注意的是，本次活动探讨的话题可能涉及孩子心中的秘密，在班集体中做这种较深入的探讨，可能会遇到阻抗，可能会发生由过度自我暴露带来的伤害，班主任需拿捏好分享的开放程度，注意分享的安全性。

（点评专家：定险峰，华中师范大学心理学院副教授）

>>> 夏冰·浙江省湖州市长兴县实验小学

策略 41

两个"一分钟原则"

　　文文的父母都是高级知识分子，但他的成绩却很差，从小学三年级起他就被贴上了"差生"的标签。他上课时注意力不集中，不能完成作业，理解速度与其他同学比明显慢半拍，字也写得极差。任课老师多次找我提到文文的情况。好在文文是个善良的孩子，虽然做事慢吞吞的，但情绪很稳定。多次与文文交谈后，我感到是时候跟他的家长谈谈了。

　　来的是文文的妈妈，干净的衣装和干练的气质，无一不显现出这位妈妈的学识和品位。她很诚恳地对我说："彭老师，我们是真没办法了，孩子的爸爸不愿意来学校，说是丢不起人。我跟孩子的爸爸读书时成绩一直都名列前茅，不知这孩子究竟是怎么了，一点儿都不像我们，给您添麻烦了。"

　　我对她笑了笑："看得出，您是一位学识高、修养好的女士。咱们不能这么认识孩子，人品好就是文文得天独厚的优点。另外，别总盯着孩子成绩差这件事，而要去找找孩子学习成绩差的原因。"

　　"不就是不用功，总走神吗？"

　　"您觉得就是这两个原因？你们跟孩子好好谈过吗？平心静气地谈过吗？问过孩子的想法和感受吗？这两个所谓的原因是孩子给出的答案还是你们自己总结出的答案？"

　　文文的妈妈沉默了好一会儿，说："彭老师，您的意思我明白了。我刚刚仔细回想了一下，我们和孩子交流时确实都是我和他爸爸在说。一开始我们也想和孩子好好谈,但后来,他总是吭哧吭哧说不出来,我们就急了,就忘了初衷。您说,我们该怎么办?"

我看着她说:"我建议您和他爸爸在跟孩子谈话时,要鼓励孩子多说,你们多听,并给予适当的回应;要给孩子时间和机会去讲述他的故事,与你们分享他的感受,只有这样,才能找到问题所在。最近几天,我不建议您跟孩子交谈,先让孩子的神经放松放松。然后,也不要采取正式谈话的形式,就随意地在饭桌上或孩子洗漱的时候,不经意地抛出话题,鼓励孩子多说。在这个过程中,您和他爸爸要掌握两个'一分钟原则'。第一个'一分钟原则',就是让孩子准备一分钟。你们先提出一个话题,然后给孩子充分的时间思考和组织语言,千万不要你们一说完就让孩子说,不要孩子没说话就认为他是在消极抵抗。要先让孩子想,他会说出来的。第二个'一分钟原则',就是听完孩子的话以后,你们要站在孩子的角度想一分钟,然后再给出回应。如果孩子说得有道理,你们就给予肯定;如果说得欠妥,你们要委婉地帮孩子指出问题。回去试试吧。"

数日后,文文的妈妈再次找到我,说他们夫妇按照我说的方法跟孩子交流了,也坚持使用了两个"一分钟原则",真的有收获。她还告诉我一个新情况:孩子诉说完自己在课堂上听老师讲课时的一些困惑,他们觉得有些不对劲,就带孩子去检查,医生的结论是孩子患了感统不协调的病,而且已经错过了最佳矫正时间。最后,文文的妈妈说:"我们真是后悔,如果在刚发现文文学习跟不上时,就能用两个'一分钟原则',心平气和地听孩子说话,也许就可以早些发现孩子的病,也就能好好矫正了。是我们的主观臆断害了孩子。"

文文的妈妈的话在我心里掀起了很大波澜。文文得了这样的病,家长不仅十分难过,而且对孩子未来的发展十分忧虑。此时我与其安慰家长,不如跟她一起想办法帮助孩子。我问文文的妈妈:"错过了最佳矫正时间不代表不能矫正,可能我们要多付出一些。医生有什么建议呢?"

"除了定期到医疗机构训练外,医生也没有别的建议,好像已经不对孩子抱有希望了。"

"您可千万别这么想,医生有这样的反应也许是因为他没接触过文文,不了解孩子。文文该治疗时要去治疗,我们不能袖手旁观。我跟各科老师沟通,先减少文文的作业量,不让他写到晚上11点还完不成,第二天又陷入加罚的恶性循环;平时在课堂上我会多关注孩子的进度,多表扬孩子,帮助孩子树立自信心。当然,家长更要用心陪伴,帮助孩子练习,不能着急上火。我们每天定个小小的目标,从记忆一个单词、一个公式、一个好词好句开始,一遍记不住,记两遍,两遍不行,咱就多写写,不但能提高记忆力,还能帮助孩子提高书写能力。咱先试行一段时间,看文文的表现再调整方案,您觉得可以吗?"

"彭老师,我以为您要放弃这个孩子了。说真的,医生说已经错过最佳矫正时间的时候,我和他爸爸都哭了。我们自己心里都觉得这个孩子的学业也许没什么希望了,没想到您竟然还为孩子考虑这么多!谢谢您,就这么办吧。"

此后,在相当长的一段时间内,我和任课老师时刻关注着文文的点滴进步和成长:他单词能记全了,考试总分提高30多分了,爱笑了,朋友也渐渐多起来了……学期末,文文的爸爸妈妈一起来学校,不停地重复着感谢老师的话。

文文的妈妈告诉我,我对她最大的帮助就是给了她具体方法上的指导。我并不是告诉他们要和孩子好好交谈,而是告诉他们如何与孩子好好交谈;我也不是简单地让他们帮助孩子提高学习成绩,而是给他们提供几个具体办法供他们去尝试。她告诉我,"鱼"和"渔"都给了,教育效果又怎么会差?

如今已是大学生的文文依然有感统不协调的问题,但是他性格开朗,和父母关系融洽,是个阳光帅气的暖男。

>>> 彭淼·山东省济南第六十八中学

> 策略 42

促进二孩家庭父母与孩子的沟通

休假时我收到学生发来的一条短信:"老师,我妈给我生弟弟了!"

我马上回复:"祝贺你,也祝贺你的爸爸妈妈!你的责任更大了,要管理好自己,还要帮助父母哦!"

"知道了!可我的爸爸妈妈已经不爱我了!"

"不会的,他们会永远爱你的,可能是因为工作太忙,顾不上向你表达罢了。"

"可我那天连装死都用了,却没有一个人理我!"

看来情况比较严重,我立刻回复:"很可能父母那天看出你是装的。孩子,不要在大人很忙的时候计较这些。要相信每个孩子都是妈妈的心头肉,即使有许多个孩子,妈妈也不舍得委屈任何一个。要坚信妈妈对你的爱,也要坚信你对妈妈的爱,你会越来越棒的!"

"可那天我妈妈一直用仇恨的目光看着我,把小弟弟抱在怀里唱歌,却让我快点儿起来。"

这句话的后面是一个"NO!",再加上一个"不要"的表情。

"我爱你,孩子!相信你的爸爸妈妈也是爱你的。"

由于短信没有署名,我不确定这个孩子是谁,也无法准确判断孩子所说的情况是否属实,所以没有再继续和对方深入交流,但我一直将这件事放在心上。

两天后,我把电话回拨过去,但没人接听。我只好又发了一条短信:

"孩子,你这两天感觉怎么样?心情好点儿了没有?心情不好时欢迎你随时给我打电话,我希望听到你甜美的声音,看到你灿烂的笑容。"

意想不到的是,很快孩子的妈妈把电话打了过来,这下我终于知道发短信的是我以前的学生环环。

环环已经上四年级了,是我以前班上的一个既聪明又漂亮的小姑娘。她长得很可爱,思维敏捷又爱读书,成绩在班级里一直名列前茅。环环的家庭环境优越,爸爸妈妈又是出了名的好脾气,遇事开明,从不粗暴对待孩子,因此环环从小就是被呵护着长大的,她是全家的掌上明珠、焦点人物。她的妈妈生了二胎后,她觉得全家人的关注点从她身上转移到了弟弟身上,她难以接受并倍感失落。

了解了孩子的情况,我的心里就有底了。我在电话里和环环的妈妈进行了深入交流。环环的妈妈表示,她也感觉到最近一段时间孩子的脾气变得急躁甚至有些固执,和自己交流也少了。不过更让她没想到的是,一向最依赖妈妈、和妈妈无话不说的环环会向我——她以前的班主任吐露心声。我赶紧借机说:"孩子在您这里感受不到爱,认为您不爱她了,才会向我吐露心声的。"接着,我委婉地提醒她,她们的亲子关系已经发生了变化,她必须重视起来并及时调整。同为教师的环环妈妈很快就意识到,自己忙着照顾新生儿,确实忽略了环环的感受。家长能认同孩子的感受、理解孩子的变化就是好的开始。随后,针对环环的具体情况,我们就在家中如何正向引导孩子、如何帮助孩子融入新的生活环境等进行了交流。毕竟是同行,我们的交流轻松又融洽,很快就达成共识,环环的妈妈决定从以下几个方面做出调整。

第一,认同、接纳孩子的感受,但不强化其失落感。

家长要认同孩子的感受,面对孩子的情绪化甚至过激行为,不要仅仅以对错来判别,不要漠视,更不要批评、指责、呵斥;要理解并接受孩子宣泄不良情绪,但不要强化孩子的失落感。

第二,照顾小宝宝的同时不忘向大孩子表达爱。

环环出现问题的原因是她认为父母不爱她了,她的很多行为都是为了争夺爱，所以家长更要注意向孩子表达爱。爱的表达可以体现在物质上，但精神抚慰更重要，比如，温暖的拥抱、热情的赞美、轻柔的抚摸、慈爱的笑容，等等。要让孩子感受到被关注、被爱、被欣赏……

第三，构建平衡、有序、和谐的家庭氛围。

第二个孩子的到来让整个家庭都忙碌起来，很容易打破家庭原有的和谐，因此家庭成员要分工合作、各司其职，使家人的关注点不至于全部集中到一个孩子身上，而忽视了另一个孩子。平衡而又有序的家庭氛围能最好地安抚环环的情绪，有利于帮助她适应新环境。

第四，用积极向上的情绪感染孩子，帮助环环接纳小宝宝。

家长要注意用积极向上的情绪感染孩子，用平和有力的语言引导孩子。在生活中可以多和环环聊聊她的过去或者她和小宝宝的将来，尽可能将两个孩子联系在一起，勾勒出一幅和谐、幸福的画面。例如，当环环来看小宝宝时，妈妈可以亲昵地抚摸环环，轻柔地说："你看看，小弟弟睡觉时的样子和你小时候一模一样。你小时候……"这样美好的情景能够有效地帮助环环接纳小宝宝，尽快建立姐弟之间的情感。

第五，要让孩子适当承担一些劳动，参与照顾小宝宝的过程。

照顾小宝宝的工作细致琐碎，如果所有事情都由大人做，就容易将大孩子隔离在新环境之外。所以，可以让大孩子适当承担一些劳动，如拿个小盆、递条毛巾、送个奶瓶之类。大孩子帮忙后，家长要及时表扬，强化孩子的成就感。这样，大孩子就会自然而然地融入新生活。

与家长交流沟通后，我再也没有接到环环的短信或电话。我想，随着"二孩"政策的放开，环环的事绝不会是个例。这件事提醒我们：作为家长，我们在欢迎二胎到来的同时，要更加关注老大的心理成长；作为教师，我们不仅要关注学生的身心变化，还要及时与家长沟通，共同促进孩子健康成长。

>>> 董灿蕾·河南省郑州市黄河路第一小学

第六辑

智慧应对各种家长

策略 43

四步阻止家长任性"维权"

课间,几个少年正勾肩搭背、嘻嘻哈哈一路欢笑走进操场,个个脸上洋溢着灿烂的笑容,小荣也非常和谐地融入其中,尽情享受同学间的友情。看到此情此景,谁又能想到不久前发生的一次事故,差点儿毁掉这幅美丽和谐的风景画呢?

小荣来自四川省的农村,几个星期前他随父母来到苏州并成为我班的插班生。因他进班较晚,班级里男生的非正式小团体已经形成,加上他的乡音难懂,性格又偏内向,所以,他一时间没能融入集体,在班里常常显得形单影只。我也忽略了这一情况。

在一节体育课上,班上的几个男生在打篮球,小荣在一旁看着。两队争球时恰巧篮球滚到小荣的脚边,他捡到球就跳起投篮。由于脚下打滑,他不慎摔倒,在右手撑地时手臂轻微受伤。校医紧急处理后,家长将他带到医院,经检查已无大碍。我本以为事情已圆满解决,没想到,从医院回来后,家长找到我说要追究一起打篮球的同学的责任,让他们赔偿医药费。眼看家长越说越激动,情绪已经有些失控,我知道考验我智慧的时刻到了。虽然我知道在小荣受伤这件事上其他学生是无辜的,但此刻不是理论是非曲直的时候,因为辩解只会更加激怒家长,让家长认为班主任是在护短,最后我可能惹火上身。当务之急就是消除家长的无名火,控制好家长的情绪。经过思考,我采取了如下四个步骤。

第一步：无为，不做任何辩解，倾听家长的心声

班主任必须有这样的胸襟：即使不赞同家长的意见，仍坚决维护家长讲话的权力。从家长的话语中我听出，家长在认定其他学生应该为小荣受伤承担责任的同时，也为孩子在班里"孤苦伶仃"的处境感到心痛，因此声称必须让这些学生付出一些代价。原来家长心里一直为孩子在班级里被孤立而怄气，便一根筋地想借此机会狠狠地出一口气。家长尽情发泄了一番后，看到我无辜地跟着受气，却没有任何辩解和怨言，也觉得有点儿不好意思，气自然消了一半。这就为本次事件的和平解决打下了良好的基础。

第二步：预设，站在家长的立场，明确家长的意见

待家长冷静一些后，我问家长："小荣的下家找好了吗？如果要追究那些同学的责任，小荣就必须转学了。"家长急忙向我表示，并没有打算让孩子转学，他们感觉学校的学习环境很好。我告诉家长，若追究同学的责任，小荣必然会被人为地孤立起来。之前他被孤立可能是因为刚刚转学，他还没来得及融入男生小团体。但如果家长执意追究同学的责任，就可能导致其他同学以后抱着"惹不起还躲不起"的想法而远离小荣。我又具体地给家长做了一个假设："几个同学正在打篮球，见小荣一走近，他们就抱着篮球躲开，小荣心里能够承受吗？"家长听我说得有道理，便默不作声了。显然，我假设的情况是家长发飙时所没有想到的。听到追究同学的责任可能带来的后果，家长也不禁倒吸一口凉气，庆幸他们只是在班主任这里闹一闹，班级学生还不知道。随后家长央求我为这件事保密，不要让其他学生和家长知道。家长气消了，我采取第三个步骤的时机就成熟了。

第三步 —— 还原事实真相，消除家长的误解

我先把自己调查了解的事情经过向家长讲述了一遍，然后找来小荣，让他向家长还原事情真相。其实之前小荣已经把事情的经过向家长讲明了，还说他摔倒后那几个同学马上跑过来把他扶起来，并与班主任一起搀扶他到医务室。但家长就是不相信，认为小荣是怕得罪人，便把事情都揽在自己身上。因此，小荣越是把责任往自己身上揽，家长就越不相信，火气也就越大，最后导致"火山喷发"，出现前面描述的失控状态。

第四步 —— 承担责任，解除家长的担忧

现在家长担心两个问题，一是小荣的手臂受伤，在学校里生活不方便；二是小荣被其他同学孤立，无法融入这个班级。我首先承认自己工作上有过失，并明确表示会努力促进同学与小荣建立良好的关系。至于小荣受伤期间可能遇到不便，我也会安排同学帮忙照顾。听到我的承诺后，家长十分感动，连说"谢谢老师，谢谢班级同学"。

随后我找到班级的几个男生，请他们帮助小荣，他们都非常痛快地答应了。就这样，以小荣受伤为契机，我和班级同学共同努力，终于使他融入了班集体，我和学生也赢得了家长的信任。

在班级管理过程中，面对家长的任性"维权"，班主任不要挑战家长的底线，而要以大局为重，然后根据具体情况采取有效措施，努力使事态向好的方向转化。

>>> 王德明·江苏省苏州市第三中学

策略 44

有智慧地应对无视规则的家长

"希望学校的教育能与国外教育接轨!"——这是刚开学时,七七的父母在一年级家长信息反馈表中给我的反馈。

"我们一家人过的都是美式生活。"——我第一次与七七的父母见面时,他们这样向我宣称。

据我了解,七七的父母都没有出国经历。我很好奇,他们心目中的"国外教育""美式生活"又是怎样的呢?

随着交流的深入,我得知七七的父母初中毕业后继承了家族生意,商业头脑灵活的他们家资颇丰,故颇为自信。他们所谓的"美式生活"就是颠倒作息时间:一家人常常娱乐到半夜,打麻将的,追剧的,玩游戏的,各得其乐,第二天要到中午 12 点之后才起床。他们崇尚的"国外教育"就是给孩子充分的自由。他们认为,任何约束都是对孩子个性和灵气的抹杀。他们明言:"成绩没什么要紧的,孩子要有个性才行。"

他们教养出的七七的确很喜欢"自由"——他习惯于无视规则,经常搅扰他人、搅扰课堂,开学才两个星期就成为众矢之的。

那天,七七无视老师的再三提醒,故意把桌椅推得啪啪响,还把同桌的橡皮扔在了地上,甚至揪着同桌的衣服使劲晃。把同桌惹哭后,他还哈哈大笑。放学后,同桌的妈妈来接孩子,得知情况后想和他谈谈,可七七却边扭着屁股边做鬼脸,不以为意。我在讲台前看见了,严肃地说:

"七七，你站好，好好说话！"可他却背起书包自顾自地往教室外走。我火了，把手中的书拍在讲台上："站住！今天你要是不好好反省一下自己的错误，谁来接你，你都走不了！"七七愣住了。孩子们入学至今，我从没对哪个孩子这么严厉过，心里一直想着："不急，让他们先爱上学校，爱上老师，再慢慢引导。"但七七今天的行为太恶劣了，看样子我是没法好好和他谈了。此时，其他孩子都已经离开教室。七七放学后在一家托管机构写作业，但托管老师也被我的眼神挡在了教室外。一分钟，两分钟，我和七七对峙着，教室里静悄悄的……七七意识到了事态的严重性，哭了起来。七七同桌的妈妈赶紧打圆场："七七知道错了，对吧？七七知道了同学之间要友善相处，不可以欺负人，对吗？"七七忙不迭地点头，感激地看着同桌的妈妈。

此后的日子里，七七对同桌不再那么肆无忌惮了，但是依然状况不断，老师、同学及家长都怨声载道。为此，我也很伤神。

班级组织亲子游活动那天，七七又开始闹腾了。在"草地寻宝"活动中，他看见一位同学找到了一个他喜欢的玩具，居然直接把那位同学扑倒在地，直接把玩具抢走了，还冲着那个被抢的同学嚷嚷："来抢啊，你来抢啊！"七七的父母看见后，竟笑而不语。发奖品时，其他孩子都排着队等待，七七竟直接冲上去把教练手中的一等奖抢了过来："一等奖归我喽，一等奖归我喽！"其他孩子气愤不过，纷纷大声抗议。七七的父母只是看着，仍不出声阻止。很多家长则将目光投向我……

我想了想，尽量平静地走到七七身边，蹲下来看着他，边伸出手边严肃地说道："七七，把不属于你的奖品交给我！"正得意的七七看到我的脸色，愣住了，不情愿地把奖品给了我。我把奖品放了回去，然后对其他孩子说："七七需要和老师单独待一会儿，你们继续玩。只有遵守我们的约定，才能快乐玩耍，对吗？"孩子们齐声回答："对！"

我牵着七七的手，当着其他孩子的面，当着其他家长的面，也当着七七父母的面离开人群，来到不远处的树荫下。七七的父母也跟了过来。我蹲在七七面前，看着他说："七七，我们出游前的约定每个人都要遵守的，对不对？"七七咬着嘴唇不说话。"你不遵守约定，破坏了规则，还给别人带来了不愉快，所以老师让你暂时退出活动，明白吗？"七七扭头看看父母，又看看我，仍然低头不语。

我在树荫下坐下，示意七七也在我身边坐下，然后温和地说："七七喜欢自由，老师也喜欢自由，但每个人的自由都必须在规则许可的范围内，不能损害别人的权利，对吗？否则，你看看今天其他同学和家长的反应……"七七坐下后，时不时扭头看看不远处玩耍的同学。我没有多说，静静地陪七七坐着……

几分钟后，我问他："你想回到同学们中间，是吗？"七七忙不迭地点头。"那你现在会遵守规则，和同学友善相处吗？"七七又忙不迭地点头。

"好吧，我送你回去。我相信你现在知道该怎么做了！"于是，我又牵起他的手把他送回同学中间。七七回到集体里，又与其他同学一起玩了起来。

这时，七七的妈妈走到我身边，讪讪地说："这孩子就是这样，从小自由惯了！""七七妈妈，这不叫'自由'。"我很认真地说，"七七长大了，他应该知道，真正的'自由'是按规则行事，而不是任性地想做什么就做什么。如果不能学会遵守规则，与他人友善相处，他会成为集体中很不受欢迎的人。我想，刚才的情景你们应该也看到了！"七七的妈妈若有所思地点了点头。

我当着这么多孩子和家长的面处罚七七，我知道七七父母的内心一定不平静。在做出决定之前，我也经过了一番思想斗争。在这个班级里，有很多崇尚"自由""个性"的"85后"家长，因此孩子们的规则意识普遍较弱。前段时间我多次与家长沟通，好不容易初步达成共识："没有规矩不成方圆。"一个班级有这么多孩子，要想让班级成为一个优秀的集体，大家必须有集体意识、规则意识。今天，七七屡次破坏规则，而他的父母却无动于衷。作为班主任，我有责任引导七七，甚至引导七七的父母去察觉他人对这种行为的反应。

当然，在执行规则的过程中，我的态度虽然坚定却也不失温和。我没有在大家的面前批评七七,而是蹲下来看着他的眼睛,之后牵着他的手和他说话;到了树荫下后,我也没有批评他,只是和他并肩坐在树荫下,给他时间反思;他认识到自己的问题后,我仍是牵着他的手,把他送回到集体中。我相信七七和他的父母也能感觉到这一点。

亲子游活动后,七七的父母没有再像开学初那样宣扬自己的"国外教育"的理念了。相反,他们恳请我:"朱老师,拜托您多教教七七,我们没教他规矩,担心他在集体中成为不受欢迎的人。"

我想,在亲子游活动中,七七的父母看到了自己孩子在集体中的表现,看到了自己孩子与其他孩子言行上的差距。家长亲眼所见比他人的反映更直接有效。所以,在之后的班级工作中,我也有意识地邀请七七的父母来参与。班级美食节,我邀请七七的妈妈来当评委;班级运动会,我邀请七七的爸爸来协助拍照。我尽量找机会向他们呈现事实,让他们比较全面地看到自己的孩子和其他孩子的表现,之后再和他们探讨教育孩子的问题。七七的父母开始有意识地改变自己的教育方式,七七的行为也随之发生了一些改变。

>>> 朱旭艳・浙江省杭州天地实验小学

> **策略 45**

帮助孩子彻底解决问题，才能消除家校间的隔阂

我是一名新教师，刚工作时就接手了一个四年级班。前任班主任告诉我班里有个叫妍妍的孩子，不仅习惯差，成绩总是排在班里倒数几名，而且从一二年级起就拿别人的东西……刚开学不久，妍妍就拿了同学 50 块钱。在我的耐心询问下，她哭着承认了。我赞扬了她承认错误的勇气并对她讲明道理，她听了我的话后表示愿意改正。

事后，我觉得要彻底改正这个孩子从一年级起就有的不良习惯，光靠我个人的力量不够。于是，我拨通了妍妍妈妈的电话，平心静气地说了她女儿拿别人钱的事。

"我的女儿不可能拿别人的钱！"我的话还没说完，她妈妈就急着否认。

"您先别急，是她自己承认并亲口对我说的。"

"肯定是你们老师逼她承认，她害怕了才这么说的。我的女儿我知道，她不可能拿别人的钱。"她斩钉截铁地说道。

"她以前也拿过别人的东西，这您知道吧？"我尽量克制自己，压住怒火。

"她以前是拿过别人的一些小东西。小孩子嘛，不懂事，看到好玩的就拿着玩玩。我们已经说过她了，但钱她是肯定不会拿的。"

"您现在有空吗？请来学校一趟吧，您自己当面问问她。"

"我现在不在南京，暂时回不来。你们老师就喜欢污蔑我的女儿，以前的老师也是这样。你们这么污蔑我的女儿，你不叫我去学校，我也要到

学校找你们！"

挂了电话，我的泪水流了下来，我气得浑身发抖，既委屈又心寒。这位家长简直不可理喻！孩子一直没能改掉坏习惯一定和这样的家长、这样的家庭教育分不开。

待我平静下来仔细回想事情的经过，我想到，这位家长一定很少从老师那儿听到对自己孩子的夸赞，一接到老师的电话，就知道不是什么好事，自然就产生了抵触心理。另外，孩子的成绩本来就不好，还被老师指责品行有问题，家长怎么可能立即接受呢？这个孩子一直没能改掉这个毛病，恐怕与她成绩差、受歧视、缺乏自信心有关。长此以往，她恐怕只能破罐子破摔、自暴自弃了。

我决定改变方法，先不急于让家长接受孩子拿别人钱的事实，而是冷处理，暂时不与家长再次交锋，激化矛盾。我要从孩子入手，因为帮孩子树立自信心才是解决问题的关键。

此后，我便经常和妍妍谈心，关心她的生活，还让她当了小组长。我发现她收本子很认真、很及时，自己的作业也开始按时交了，便及时表扬她好的表现，并且抽空帮她补习，让她慢慢树立信心。大半个学期下来，她虽然还是会出现偷懒、作业拖拉的现象，但总体表现好了不少，我也没再听到其他同学报告她有什么不良行为。她在学校的良好表现及进步，我都及时用短信告知她的家长。

一个星期天早上，妍妍的妈妈打来电话，说女儿承认自己之前拿了别人的钱，准备星期一把拿的钱带给我，烦请我帮忙还给丢钱的孩子。同时，她说女儿告诉她，老师平时很关心、照顾自己，对此，她很感谢老师。

放下电话的那一刻，我感觉与家长的隔阂消失了，有的只是对孩子共同的信任和信心。

>>> 钱梦月·南京师范大学附属中学新城小学

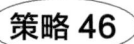

把工作做在前面，摸清每一类家长的特点

大家常说一个"问题学生"的背后大多有一个"问题家长"。这句话虽有些绝对，但足以说明这种现象的普遍性。我梳理了自己遇到过的"问题家长"及应对方法，以期与同行共同探讨。

一、唠叨型

1. 家长的特点

很多学生的母亲属于这种类型。她们的生活比较单一，受教育程度不高，全身心地扑在孩子身上，将孩子的生活照顾得无微不至。她们特别关注孩子的学习。这类家长把牺牲自己当成一种美德，但内心期待付出必须要有回报。

2. 孩子的特点

"懂事"的孩子一般会取悦母亲，做些违背内心但能让母亲高兴的事，这类孩子的内心会感觉十分压抑；"不懂事"的孩子可能处处叛逆，经常出言顶撞母亲，说出诸如"我又没逼着你对我好"之类的话；介于两者之间的孩子可能阳奉阴违，能躲就躲，在家不与家长沟通，学习也没兴趣，应付了事。

3. 家长与班主任的交流模式

这类家长的生活相对单调，当自己的一片苦心没有受到家人的重视时，她们就会把班主任当成救命稻草。她们说话的时候可能会事无巨细，没有条理，因为她们自己也不知道问题出在哪儿。她们可能觉得孩子听老师的话，因此希望班主任能跟她们一起对付孩子。

4. 应对方法

第一次与这类家长交流时班主任需要耐心倾听，因为从家长的叙述中，我们可以判断其孩子的问题所在。然后我们要简单地帮家长理顺思路，并问问家长的诉求。第一次谈话要让家长说透，建议当面交流。再次沟通时，你会发现这类家长的谈话几乎就是重复以前的内容。这时，班主任应该在聊天的过程中尽早找到合适的契机，掌握谈话的主动权，引导家长和自己一起正确分析和解决问题。

要注意，这类家长不是不想教育孩子，而是有劲却不知如何使。我们可以针对她的问题给出一些具体建议，当她发现你给的方法十分奏效时会十分高兴，进而配合你的教育工作。此外，在教育孩子之余，班主任也可以跟家长分享一些有关经营婚姻与家庭的理念，以帮助家长为孩子创造更好、更宽松的家庭氛围。

二、自我感觉良好型

1. 家长的特点

这类家长通常为"三高"知识分子：高学历，高职务，高收入。他们大多从小学习刻苦，进入社会后也是处处争先，人到中年后事业有成。他们往往认为自己有改变生活和命运的能力，并认可通过外部条件来证明自己的实力这一观点，做事目的性比较强。

2. 孩子的特点

孩子在物质上能得到满足，而精神生活往往并不配套。家长忙于赚钱或升职，忽视对孩子心理的指导和关心。家长有限的指导也往往不接地气。家长不能正视孩子的特点，也不能平等地帮助孩子分析与解决问题。孩子从父母那里得来的爱也往往带有交易性质 —— "我给你吃好的、穿好的，你就给我好好学习"，有的孩子还被笼罩在家长的光环下 —— "我当年比你苦多了，成绩不知道有多好"。

3. 家长与班主任的交流模式

跟班主任聊天时，这类家长喜欢占据主动权。在谈话的时候，他们总想发号施令，有些强势的家长甚至会给老师一个明细，告诉老师该怎么做。他们不太能接受其他人的看法和想法，因为他们认为其他人没有自己优秀。

4. 应对方法

面对这类家长，班主任应先以倾听为主，以满足他们的自尊心和虚荣心。但我们交流的目的是要解决孩子的问题，所以我们还是要谈到他们不愿意碰触的部分 —— 孩子的弱点。这时，这类家长往往会强调客观因素，诸如学校管理松散、任课教师水平低等。我们要沉住气，不要轻易发表看法或反驳，而是等他们说完后，询问他想怎么办。他若给老师布置任务，你可以仔细听听，如果有道理不妨执行；如果没道理，可以问问他是否试过这一招，效果怎么样 —— 当然是无效。最后，家长的结论应该是希望老师能帮他做他自己做不到的事。到此，谈话基本可以结束，因为这时我们就能以一个教师的身份开展工作了。

面对这样的家长，我们的态度要不卑不亢。我们要理解，让一个在社会上叱咤风云的人转换角色太难了。不要试图改变这类家长的习惯和理念。在以后相当长的一段时间内再遇到孩子有问题时也尽量不要找家长，能自行处理的最好自行处理。获得了学生的信任或者学生在学校有了较大进步后，再择机考虑改善学生与家长的关系，慢慢进行家庭教育指导。

三、态度冷漠型

1. 家长的特点
这类家长习惯用管束代替教育。他们对孩子的心理特点不够了解，和孩子缺乏沟通，通常意识不到自己和孩子之间的隔阂，在情感方面比较粗枝大叶，直到孩子出现问题才会开始疑惑。

2. 孩子的特点
这种家庭里的孩子更愿意把注意力放在人际关系方面，一般会有早恋倾向，个别孩子可能对老师产生不正常的依赖。还有一些学生行为缺少约束，对他人、自然都缺乏最基本的敬畏之心，我行我素，缺乏与他人合作的意识。

3. 家长与班主任的交流模式
班主任通常无法跟这类家长进行有效沟通，因为这类家长不习惯与别人交流和沟通，也不想听别人的意见，只想诉说自己的苦衷。

4. 应对方法
面对早恋的孩子，班主任可以组织一些活动，营造比较温馨的亲子氛围，利用孩子给父母写封信、说句话的机会让家长慢慢感觉到孩子很需要家长的爱，同时也让家长知道孩子很爱他们。这个过程可能会比较漫长。另外，对这类孩子要持一种理解和宽容的态度，要尽量从根源上满足他们在人际关系方面的需求。面对行为缺少约束的孩子，我们不要过多地指望家长能给孩子什么约束或规矩，更多的工作需要班主任自己来做。最有效的方式就是通过孩子行为认知上的改变来引发父母的反思。

四、急功近利型

1. 家长的特点

这类家长不考虑或不懂得教育规律和方法,只想知道达到目的的手段,然后不遗余力地去做。他们意识不到教育是个缓慢的过程,往往将老师说的"慢慢来,需要等待"视为不尽心。家长和孩子都有急功近利的倾向,为了达到目的不择手段。他们的目标很明确,好大学、好工作、好对象一个都不能少。

2. 孩子的特点

这种家庭里的孩子通常比较自私,唯我独尊,不懂得也不想体谅别人。他们认为,凡是挡住自己的路的人统统都是敌人,可以利用的人就应尽量利用。这样的孩子与他人的关系通常不好,但当他们需要参加民主选举时,会用最快、最直接的办法笼络人心。

3. 家长与班主任的交流模式

这类家长通常会倾听老师的建议,但可能丝毫不往心里去,听完之后继续按照自己的思路来做。在与老师交流时,他们一般不会关心老师对孩子行为和心理的分析,而只关心成绩、评"三好学生"、评优。他们会强烈要求孩子参加各项有用的活动并争取拿奖。

4. 应对方法

从某个角度来看,面对这类家长,我们只能顺其自然,因为家长和学生都不太在意他们关注范围之外的事,所以班主任想对其开展工作很难找到着力点。以人际关系为例,即使大家都不喜欢他,他也觉得无所谓,所以班主任可做的事情很少。当然,这并不意味着我们要放弃,循序渐进、相机而动是比较明智的做法。

五、胡搅蛮缠型

1. 家长的特点

这类家长比较宠爱孩子，哪怕孩子受一点点儿委屈，他们都可能会跟别人大打出手。这类家长的文化素质通常不高，信奉拳头底下出真理，对自己的力量感到骄傲和自豪。他们用自己的方式"爱"着孩子。

2. 孩子的特点

这类孩子通常心理比较脆弱，自己没有处理问题的能力，遇到问题后的第一反应就是找家长。而家长替孩子出头的做法也会让孩子感觉这个世界上坏人很多，自己总是被欺侮，只有自己的爸爸妈妈才最可靠。他们的人际交往能力也比较差，不敢相信别人。还有一些孩子变得越来越像父母，不讲理，难以沟通。

3. 家长与班主任的交流模式

这类家长一般不会协商，认定了对自己有利的条件就紧咬住不放，不容易接受调解，对老师的话也充耳不闻。有些善于诡辩的家长更是会让班主任时时陷入被动。

4. 应对方法

一旦发现家长有这种倾向，班主任首先要做的是冷静，尽量不与其发生正面冲突，也不要说太多话，以免被家长抓到把柄。我们应尽快与学校领导反映，客观描述这个孩子和家长的情况，向有经验的老师和校领导寻求帮助。我们不需要排斥和惧怕这类家长，因为他们就是这样对待世界的，并非仅仅针对你一个人，所以我们只要做好自己的分内事即可。我们也不要因此而歧视孩子，要知道，只有争取了孩子才有可能争取家长。并且这类孩子虽然有些心理问题或性格比较蛮横，但还是比较亲近老师的，有很大教育空间。

班主任需要把工作做在前面，防患于未然。一些方法可以用于应急和善后，但如果想营造和谐的家校关系，前期的沟通和引导工作非常重要。

>>> 代佳琦·北京市铁路第二中学

> 策略 47

成全孩子，让孩子拥有完整的爱

眼前的这个孩子叫灵灵，才上一年级。虽然她已经在我的咨询室里坐了很长时间，但不管我怎么跟她说话，她不是点头就是摇头，面无表情，忧心忡忡，这与她的年龄很不相称。

班主任朱老师一脸焦灼地边摇头边跟我讲起了孩子有如此表现的缘由。

三年前，灵灵的父母离婚，爸爸争得了灵灵的抚养权，从此灵灵跟着爷爷奶奶一起生活。为了帮灵灵减轻家庭破碎的痛苦，奶奶提前退休，爷爷一下班就立刻回家，变着法子讨孙女欢心。爷爷奶奶都是知识分子，除了照顾灵灵的生活外，还给她讲故事，教她知识，灵灵过得也很快乐。半年后的一天，灵灵的妈妈突然出现在灵灵家门口。看着女儿一脸惊慌的样子，灵灵的妈妈很伤心、很不甘，于是不惜一切代价想要讨好灵灵：带着孩子去吃汉堡，玩各种刺激的游戏，去公园看冰雕，给孩子买新衣服和新奇的玩具，所有孩子喜欢的东西她都一一满足。

从那以后，每次妈妈送灵灵回来准备离开时，灵灵都哭得死去活来。直到奶奶强行将她拉开抱走的那一刻，她还眼泪汪汪地叫妈妈。渐渐地，哭成了灵灵每天的必修课。鞋带散开了，她哭；汤太烫，她哭；走路摔倒了，她也哭，常常搞得两位老人不知所措。奶奶埋怨灵灵的妈妈添乱，以致后来她一来电话，奶奶就干脆说灵灵不在。

慢慢地，灵灵变得沉默寡言。她在家里极少说话，经常沉默不语；出门更是像个小哑巴,小朋友嬉戏玩耍,她只是愣愣地望着,不管大人怎么哄、怎么劝,她就是不愿意与小朋友一起玩,也不愿意离开,就那么呆呆地望着……

灵灵是不幸的,残缺的家庭让她成为大人情感拔河中的那根绳子。绳子的一端系着爷爷奶奶,另一端系着妈妈,一颗幼小的心就这样被大人硬生生地扯成两半。多么可怜的孩子!

为了帮灵灵早日走出自闭的沼泽,我利用空闲时间,几次去她家给她的爷爷奶奶做思想工作。我说,没有一个母亲会有意伤害自己的孩子,只是她的做法有些欠妥当;孩子自闭寡言,与他们拒绝孩子的母亲探望、孩子缺少健全的爱有直接关系,我们应努力站在孩子的角度去想,成全孩子,让她拥有更完整的爱。

经过我的努力,灵灵的爷爷奶奶终于认识到孩子和妈妈之间有着深厚的感情,同意孩子的妈妈来看望孩子;为了让孩子能恢复从前那快乐天真的性格,他们不会再在孩子面前说她妈妈的坏话,并尽力让孩子感受到完整的亲情和所有亲人的温暖。

此外,我又在周末时间找到灵灵的妈妈,就灵灵的情况跟她进行了交流。灵灵的妈妈也没有想到自己过分的疼惜影响了孩子的日常生活,伤害了孩子幼小的心灵。对此,她感到很痛心。在我的开导下,她逐渐认识到,孩子健康地成长是所有人的心愿,她不能再跟两位老人较劲。灵灵的妈妈还表示,她会格外注意爱的尺度,不会再通过物质去引诱孩子,争夺孩子的爱,让孩子离不开自己;为了孩子的健康,她愿意在孩子面前维护爷爷奶奶的形象。

在学校里,我让班主任号召学生多关心、帮助灵灵,多组织一些活动让灵灵感受到集体的温暖。我多次参与她所在班级的活动。渐渐地,我跟灵灵熟悉起来。她不再像从前那样自闭,话匣子也打开了,脸上开始有了同龄孩子的童真。她告诉我,爷爷奶奶跟妈妈的关系比以前好多了,而且妈妈也常常来看她。妈妈还告诉她,如果她听爷爷奶奶的话,就会常常来看她。

前阵子,我带女儿去公园,听到后面有人喊我,我回头一看,竟是灵灵。让我感到意外的是，灵灵的后面是她妈妈，她妈妈后面跟着灵灵的爷爷奶奶，他们俨然一家人。望着孩子幸福的表情，我笑了，为自己的努力取得了效果感到无比欣慰……

所有爱都必须以孩子健康为前提。如果大人为了满足私欲，争夺孩子的眷恋，不顾及孩子的心理感受和心理承受能力，这种不健康的"爱"会将孩子推向另一个极端，到头来孩子的心灵定会伤痕累累。

>>> 谢英娜·广东省汕头市龙湖区新溪镇上头合小学

策略 48

三招应对"怪兽家长"

近年来,"怪兽家长乱校园""刺猬老师筑防线"等说法加剧了社会舆论对家长与教师敌对关系的认同,传统的"以师为尊"的观念受到强烈冲击。

"怪兽家长"指以自我为中心、不讲理、妨碍学校正常运转的家长。这种说法起源于日本,是一部日本电视剧的名字。"怪兽家长"这个族群的滋生和蔓延,被认为是步入 21 世纪后日本教育商业化的一个结果——家长像消费商品一样消费学校的教育,以自我利益最大化为唯一出发点。据悉,东京市政府花费巨资出版了一本教职手册,教导老师如何应付"怪兽家长"。香港媒体人屈颖妍专门写了一部《怪兽家长》,在书的封面上有一句简洁的话:"当今最难教的,是家长,不是学生!"随后她又写了《怪兽家长 2:孩子复仇记》《怪兽家长 3:学校不是斗兽场》。有评价说她的书是"为家长打气、替老师出气、帮孩子舒口气"。

2014 年,我在香港参加了一个教育研讨会,会议的主题之一便是"家长怪兽化"。会议列举了"怪兽家长"的种种表现:若自己的孩子被老师警告,就愤而冲进老师的办公室;不分时间段,持续不断地打电话向老师诉苦;因孩子的问题不断指责老师;绕过老师直接向校长或教育局投诉,间接增加老师的工作和心理压力。有学者概括为,"放任派怪兽"放任孩子看电视、打电子游戏;"学院派怪兽"禁止孩子接触任何电子产品;"精英派怪兽"要求孩子为学艺术疲于奔命，赔上快乐童年；等等。"怪兽家长"身上几乎有着当今家长的所有劣根性。

家长的种种不尽如人意的极端表现以及与教师的对立情绪有着深层次的原因。一方面，作为孩子的教育者，家长缺少专门的教育和训练，尤其对自身的角色定位认识不清，在教育孩子的实践中能力不足，会把自身的问题和内心的恐慌转嫁给教师；另一方面，家长在对孩子抱有高期望的同时，也会对教师抱有很高的期待。加之在信息发达的当今社会，家长可以接触大量养育孩子的信息，对教师的权威不再盲目认同，不再被动地接受来自教师的教导，很容易对自己认为教师不妥的教育行为提出质疑。当教师无法达到家长五花八门的要求时，家长对教师便更加不信任，这种不信任可能会以极端的方式表现出来。

教师以教书育人为己任，不可忽视对家长的帮助。如果只看到家长"怪兽"的一面，批评、指责或躲避他们的问题，只会激化家校冲突，对学生更不利。换一个角度思考，其实家长需要的只是教师的理解和帮助。我们应帮助家长弥补自身的不足，与家长相互帮助、共同进步。当然，这也对教师指导家长提出了更高的要求。具体来说，教师需要强化下面几个功能。

一、帮助家长扮演好自身的角色

学校通过各种方式教育家长，目的是对家长进行培训，帮家长在家庭教育中扮演好自身的角色。因此，教师对家长的指导不能以自身的课堂教学为中心，单纯地要求家长配合学校教育学生，这样会使家长产生"家庭教育是课堂教育的补充"的错觉，把注意力全放在孩子的学习上。教师对家长的指导应以育人为中心，以帮助家长了解教育的规律、孩子的特点和自身在家庭教育中的优势，懂得如何客观认识孩子、检点自己的言行、创造良好的家庭环境，从根本上解决家长对家庭教育的认识问题，促进其认真履行自己对孩子应尽的教育职责。

二、整合各种教育因素

在现实中，家长的要求、家庭对孩子的影响与学校教育存在许多不协调的地方，在教育思想、教育内容、教育方式等方面甚至出现相互掣肘的现象。出现这类现象的原因之一是家校间的相互沟通、相互配合存在障碍。教师指导家长的一个重要功能是整合家庭、学校、社会的各种教育因素，使家庭教育与学校教育、社会教育指向相同的目标，从而确保对孩子教育影响的一致性、连贯性。

三、对教育内容进行有效调控

教师有多年教育经验，可以对学生的心理和行为习惯进行超前引导，从而使教育更有针对性。然而在家庭教育中，家长缺乏这种经验的积累，往往是发现孩子出现问题后才进行纠正，尤其在独生子女家庭更是如此，这样的教育经常处于被动状态。

所以教师对家长进行家庭教育指导，应当注重对教育内容进行有效调控，即按照孩子的不同特点提前对家长进行提示或培训，帮助家长提前了解孩子的生理、心理特点以及先进理念、成功经验等。

总之，教师帮助家长、指导家庭教育有着天然的优势，在促进家校合作中应发挥关键性作用。家长一旦在孩子教育中见到实效，便会收敛和改变"怪兽"行为，主动与教师合作。教师大可不必以排斥的心态面对家长，学校不该成为"斗兽场"。

>>> 关颖·天津社会科学院社会学研究所

> 策略 49

教家长学会非暴力沟通

雷雷的眼角又被他爸爸打得淤青。这个学期雷雷的爸爸多次打雷雷，雷雷也多次因为芝麻大点儿的小事与同学挥拳相向。看来，要彻底改变雷雷的暴力倾向，必须改变雷雷的爸爸，教这个"暴力爸爸"学会非暴力沟通。上完课，我开始写这节特殊的沟通课的教案。

一、教学目标

1. 让雷雷的爸爸知道什么是非暴力沟通。

2. 尝试让雷雷的爸爸进行一次非暴力沟通。

二、教学设想

1. 通过我的角色扮演，让雷雷的爸爸切身感受非暴力沟通给自己和他人带来的改变。

2. 让雷雷的爸爸学习和孩子做一次非暴力沟通。

三、教学内容及步骤

1. 约定时间、地点及约谈内容。

2. 说明非暴力沟通的内容及方法。

3. 共同演示一次非暴力沟通。

4. 赠送非暴力沟通基本常识图。

············

按照约定，周五放学后父子俩一起来到我的办公室，这时办公室里已经没有别的老师，比较安静。

我搬了两张椅子放到我办公桌的对面和旁边，请他们坐下。雷雷的爸爸瞪了一眼雷雷，厉声说："你还有脸坐！"雷雷一张小脸僵硬得像白色的大理石，他低垂着头杵在办公室的门口。我拉雷雷过来，请他坐下，并对雷雷的爸爸说："雷雷和您一样，都是我的客人，当然要坐的。"我们三个人分别坐在办公桌的三个方向。

坐定后，我对雷雷的父亲说："前天发生的事情你们都很难过，对吗？"

"是啊，王老师！他抄作业被我逮个正着，还犟嘴说没抄。我翻看他的作业，字写得像鸡扒似的，还有三次作业没做。"

"看到雷雷没有按照您的想法完成作业，您因为很生气才打了雷雷，是吗？"

"嗯，当时我气死了，就打了他一巴掌，后来看到他的眼角被眼镜刮出血了，我也心疼后悔，可当时就是没忍住。"

"我听雷雷讲，从小学一年级开始您就常常打他，是吗？"

"王老师，您不知道，这孩子太皮了，总惹祸，不打不行啊！"

"其实，我有个方法，您不需要打孩子，孩子也会变得越来越好，您想试试吗？"我眼角的余光看到雷雷好像动了一下。

"不打？这么打还这么不听话，不打那还不得上天？"

我又转向雷雷，笑着说："雷雷，如果有一种方法能让爸爸不再对你动手，你愿意试试吗？"

雷雷使劲地点点头。

我拿出事先准备好的两张写有我修改后的非暴力沟通四步法的纸条分别递给父子俩。

非暴力沟通四步法

> 第一步，说出事实，不评价。
> 第二步，表达感受，不批评。
> 第三步，看清需要，不贪求。
> 第四步，摆出困难，找办法。

父子俩很疑惑地看着我，我说："这是美国一位名叫马歇尔·卢森堡的博士研究出的一种沟通方法，它能化解人与人之间的矛盾冲突，并能帮助人们更好地解决问题。"

"老师，我书读得不多，不知道这写的是什么意思。"雷雷的爸爸说。

"没关系，我们试着用非暴力沟通的方式重新演示一下前天发生的事情。先进行第一步，说出事实。爸爸对雷雷说一说前天您看到了什么，只说事实，不要对雷雷做的事情进行评价。"

"我看到你在抄作业。我本来也没指望你能学得有多好，只想你做事认真诚实一点儿，不要变成一个吊儿郎当的人，可你就是不争气。"

"雷雷爸爸，您说的是批评和评价，不是事实，您只说您看到了什么就可以。"

"我看到雷雷在抄作业。"雷雷的爸爸转向我。

"这还不是事实。"

"这还不是事实？那什么才是事实？老师，我糊涂了。"

我笑了笑，说："我来扮演您，对雷雷说事实。"我转向雷雷："我看到你在做数学作业，旁边放的是数学作业的答案，对吗？"

"嗯。"雷雷点点头。

"雷雷爸爸，您看，这才是事实。事实是我们眼睛看到的，不是我们联想、想象的，也不是经由我们判断得到的结论。陈述事实不会激起自己和孩子的负面情绪。好了，下面我们开始第二步，表达感受。"

雷雷的爸爸疑惑地看着我，没说话。

"您对雷雷说说,您看到这个情况后,心里是什么感受。"

"雷雷,前天晚上我特别生气,我都给你讲了无数遍'应该好好学习',你就是不听。"

"雷雷爸爸,生气是感受,其他的是对孩子的评价,非暴力沟通只说感受,不评价。请您重新对雷雷说出您的感受。"

"雷雷,前天晚上我很生气。"

"好,以后和孩子交流时只需要说出感受就可以了,'应该好好学习'这样的大道理孩子都知道,我们说许多遍也不管用,那我们就不说了。下面我们进行第三步,看清需要。"

"老师,我没有需要,只要雷雷好好学习,以后有个好前途就行了,我吃点儿苦、受点儿累都没什么。"

"您看,您希望看到雷雷好好学习,这就是您的需要。但好好学习这个需要表述得不清楚,什么是好好学习?什么是好前途?每个人对这些事的评价标准都不一样。我来试着对雷雷说说您的需要,您看我说得对不对。"

我转向雷雷:"我需要你把字写得一样大小,不连笔写字;我需要你独立完成自己会做的题目,不会做的题目可以先看答案,弄懂了再自己做到作业本上。"

雷雷看着我点点头。

我转向雷雷的爸爸,说:"您的需要是这些吗?"雷雷的爸爸也点点头。

"说需要的时候我们家长要清楚自己到底要孩子做什么,并且明确告诉孩子,不能提过高的要求。"我说。

"嗯,我明白了。"

"最后,完成第四步,摆出困难。"

"我觉得老师说的都很好,就怕雷雷做不到。"

"雷雷爸爸,下面由我来和雷雷谈,您听听这种沟通方式是不是能更好地解决问题。"我说。

"雷雷,学习是你自己的事情。你现在想想,老师刚才说的爸爸的需要,是不是也是你自己的需要?"

"嗯，我也想好好学，可是上课时总走神，回家后作业就不会做。我又怕爸爸看到我不会做打我，就赶快抄答案，字写快了，就写得难看。"

"这确实是一个难题，毕竟好的听课习惯不是一天养成的。老师教了这么多年书，也没发现一个对每个人都有效的好方法。你自己才是最了解自己的人，你能想出让自己听课不走神的办法吗？"

"老师对我狠一点儿。"

"嗯，这算是一个办法，还有吗？"

"给我换个能管住我的同桌。"

"也是个好主意。"

"不懂的地方问老师。"

"主意越来越高明了。"

得到肯定的雷雷脸部肌肉舒展了一些。

"我还可以记笔记，这样既不会走神，万一晚上做作业遇到困难了还能看笔记。"

我笑着摸摸雷雷的头，对雷雷的爸爸说："雷雷的主意怎么样？很厉害吧！"

"还有困难吗？"

雷雷看看我，又看看他爸爸，欲言又止。

"还有什么需要爸爸妈妈和老师帮助的地方，你也可以说出来。"我笑着鼓励雷雷。

"我以后尽量不犯错，希望爸爸不要总打我，除非我犯了大错。"

"雷雷，人活着就会犯错，连老师都会犯错，何况你还是个孩子。只是，有智慧的人会在错误中不断成长。"我又转向雷雷的爸爸，打骂从来都不是好的教育方法，打骂带给孩子的负面情绪只会给孩子造成伤害。他要么自己消化这些负面情绪，让自己陷在痛苦里；要么把这些负面情绪传给他人，打骂别人。这些都是我们不愿看到的，对吗？"

雷雷的爸爸重重地叹了一口气："唉，我还是不会教育孩子。老师，以后有了问题我还要多麻烦您。"

"行啊，雷雷，我们一起加油，好吗？"

雷雷僵硬的小脸终于完全舒展开来。

最后，我拿出一张打印好的写着非暴力沟通的基本常识的纸对雷雷的爸爸说："这张纸送给您，您可以把它贴在家里的墙上，时时提醒自己用非暴力沟通的方式和孩子沟通。"

非暴力沟通的基本常识

1. 你愤怒的根本原因不是别人的行为或语言。你愤怒是因为你内心的某种需要没有得到满足。请你对自己的愤怒负责，不要把责任推给别人。

2. 每一个人都是独立的个体。不要妄图改变某个人。没有人可以强迫任何人去做任何事。如果强迫，你一定会失败。

3. 记住，你的目的是沟通，不是羞辱或伤害别人。以暴制暴从来不会有好结果。

4. 请学习尊重和爱。尊重他人的需要，哪怕它和你的需要不同；爱是我们沟通的目的。让我们彼此关爱，一起进步！

雷雷的爸爸和雷雷一起神色轻松地走出了办公室。我知道一次谈话远远不够，但雷雷的爸爸在尝到甜头后，一定会努力将非暴力沟通进行下去。而我也会在他的教育方式有所改进后，及时将孩子的进步反馈给他，鼓励他坚持下去。我坚信非暴力沟通一定会让雷雷成长得更好！

>>> 王洋·安徽省广德县桃州中学

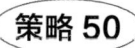

帮助家长控制好爱的温度

每一个孩子都是爸爸妈妈的天使,每一个家长都是爱孩子的,尤其是母亲。但有的家长控制不好爱的温度,孩子就可能出现各种问题。

一、电话"轰炸"

开学报到那天,一个孩子在妈妈的带领下走进教室。妈妈兴冲冲地走进来,还没容我问孩子的情况,妈妈就说起来了:"我们家孩子很调皮,一点儿自控能力也没有,一定要让他坐第一排……"站在旁边的孩子似乎早已经习惯了妈妈这样的态度,自顾自地和其他同学聊天,丝毫看不出不悦与失落。

开学第一周,这个妈妈就给我打了不下 4 个电话,每次都追问孩子的学习情况,同时抱怨孩子的不成功和自己的辛苦。

李老师,我每天既要上班,又要接送孩子,给他做饭,还要给他辅导功课,真是累死了。但是你看我家孩子,一点儿都不争气,这些题目我都给他辅导过,他根本不认真做啊!这孩子一点儿都不听话……

李老师,我让他做很多课外作业,并且每天坐在旁边看着他写,还给他辅导到晚上9点，他怎么还是考不好啊？这孩子就不能自己学习，我这样付出他应该考95分以上的……

……………

孩子的妈妈讲话的语速非常快，根本不给我插话的机会，即便我好不容易抓住机会表达了自己的观点，她也都用"不是这样的"来回绝。

家长的电话引起了我的思考。我大致可以确定，孩子的妈妈每一次打电话时，孩子都在旁边，妈妈就是想让孩子听到自己在向老师抱怨。

为了深入地了解这个孩子，在接下来的一个星期里，我有意观察他。我发现这是一个缺少自觉性和自主性的孩子，他遇到事情总喜欢退缩，遇到问题不愿意独立解决，遇到挫折也总是无所谓的样子……可以说，监督是他不可或缺的"朋友"。

二、爱的温度是多少

这个妈妈可怜，孩子也可怜。妈妈在孩子身上几乎倾注了全部心血，而孩子似乎对此早已习以为常、不以为然。如何化解妈妈的焦虑，如何让这份浓浓的爱既不灼伤孩子也不拖累妈妈？我一直在思考。

这天，孩子的妈妈又打电话抱怨，而且一说就是近一个小时。我决定改变工作方式，便借口有事挂了电话，然后给她发了一条短信：

孩子妈妈，您真的非常辛苦，这是毋庸置疑的，您对孩子浓烈的爱也是有目共睹的。但是孩子已经长大了，别看他平时无所谓的样子，他其实已经有自己的想法了。我们共同的目标是让孩子更好地成长，所以请不要再当着孩子的面给我打电话批评他。这样效果也许会更好，您说呢？

孩子的妈妈接受了我的建议，之后能注意选择合适的时间和场合给我打电话，并且说话时也能听取我的意见了。接着，针对这个孩子缺少自觉性和自主性的问题，我给他制定了一个成长积分表（见表1），同时请妈妈参与配合。我之所以制定这样一个积分表，是因为我认为，与其千万次地叮嘱孩子要做什么，不如让孩子自觉地思考和感受到底该做什么和能做什么。

表1 成长积分表

月份	各自的愿望	等价交换	等价交换	等价交换
10月	妈妈的愿望			
	孩子的愿望			
11月	妈妈的愿望			
	孩子的愿望			
12月	妈妈的愿望			
	孩子的愿望			
1月	妈妈的愿望			
	孩子的愿望			

具体做法：每月初，孩子和妈妈分别提出自己本月的愿望，只要孩子实现了妈妈的愿望，妈妈就必须完成孩子的愿望。当然，愿望是能够实现的，不是天马行空的奇思妙想；每月的愿望可以是一个，也可以是多个。

经过思考，妈妈和孩子分别提出了自己的愿望。例如：

10月份，妈妈的愿望是孩子保证每节课认真听讲30分钟以上，考试成绩不低于90分；孩子的愿望是周末能玩1—2个小时电脑。

10月里，孩子变得更主动一些，发言也更积极了，尽管有时还是控制不住讲话，但至少有进步了。在双方愿望都实现时，我有意让孩子打印自己的作文——这是荣誉的象征。

进入12月后，我又一次给孩子的妈妈发了一条短信："孩子的成长我们都看在眼里，喜在心里。我想除了学习成绩外，更重要的是对学习能力和其他能力的培养，您说对吧？放宽心，松一松弦，不要让这份过于热烈的爱灼伤孩子。"

12月初，妈妈把原本考试成绩之类的愿望改成了"能够自己主动整理学习用品，学会做简单的家务"。

1月初，妈妈的愿望是期末复习时孩子能够自己主动复习，不完全依靠家长，每门功课的成绩都在90分以上；孩子的愿望是能够在寒假旅游一次。

考试成绩公布时，孩子特别紧张，听到数学考了满分，顿时兴奋雀跃，然而语文成绩马上给他浇了一盆冷水，他只考了88分。他非常失望，无奈地傻笑。

我抽空给他的妈妈打了电话，告诉她："个体的成长比成绩的进步更值得肯定，这一次旅行也许会让孩子成长得更快，希望妈妈还是满足一下孩子的愿望。"妈妈最终满足了孩子的愿望，这意外的满足似乎让孩子一下子长大了很多。

三、爱的路上一起走

新年伊始，孩子带着满面笑容走进了教室，然后开始自觉地交作业，妈妈只是微笑着站在门口……

>>> 李月琴·浙江省平湖市当湖中心小学

图书在版编目（CIP）数据

更好的家校沟通策略 / 赵福江主编 . -- 上海：上海教育出版社，2021.9
ISBN 978-7-5720-0670-8

Ⅰ.①更… Ⅱ.①赵… Ⅲ.①学校教育—合作—家庭教育 Ⅳ.① G459

中国版本图书馆 CIP 数据核字（2021）第 175826 号

策　　划　源创图书
责任编辑　董　洪
特约编辑　王　莹　张万珠
责任印制　梁燕青
装帧设计　许　扬

Geng Hao De Jiaxiao Goutong Celüe
更好的家校沟通策略
赵福江　主编

出版发行	上海教育出版社有限公司
官　　网	www.seph.com.cn
地　　址	上海市闵行区号景路 159 弄 C 座
邮　　编	201101
印　　刷	北京华宇信诺印刷有限公司
开　　本	710×1000　1/16　印张 13.75　插页 1
字　　数	210 千字
版　　次	2021 年 9 月第 1 版
印　　次	2025 年 3 月第 4 次印刷
印　　数	12,001—15,000 本
书　　号	ISBN 978-7-5720-0670-8/G・0505
定　　价	58.00 元

如发现质量问题，请向本社调换　电话 021-64373213